BRÜCKNER/KÜHNER · DEINE BILDER/MEINE WORTE

CHRISTINE BRÜCKNER

OTTO HEINRICH KÜHNER

DEINE BILDER/MEINE WORTE

PROPYLÄEN

IN MEMORIAM
H. W. PIA

DIE DIENSTAG-BILDER DES OHK

An jedem Dienstagmorgen verläßt du das Haus und fährst in die ›Residenz‹, so nennen wir dein Atelier, weil es am Rand des ›schönsten Bergparks Europas‹ liegt, in Wilhelmshöhe, mit dem Blick zum Herkules. Du bist ein professioneller Schriftsteller, als Maler bist du ein Liebhaber. Aber ein Sonntagsmaler bist du nicht, du malst dienstags.

Du gehst froh aus dem Haus, aber noch froher, wenn auch ermüdet, kehrst du am Abend zurück. Du hast den ganzen Tag gemalt, du warst allein in deiner Welt der Farben. Du malst Bilder, die an einem Tag fertig werden müssen, Eintagsbilder, du hast nicht mehr viel Zeit. Du hast dir das Malen für den letzten Teil deines Lebens aufgehoben. Ein Lebenswunsch hat sich erfüllt. Am liebsten wäre ich wohl doch Maler geworden, hast du neulich gesagt. Nie sehe ich dich zeichnen. Du notierst dir, wenn wir unterwegs sind, nur Farben, schreibst auf den Zettel ›rot‹ oder ›blau‹, verteilst die Farbworte, dem geplanten Bild entsprechend, auf dem Notizzettel. Du malst nicht nach der Natur, du setzt Landschaften neu zusammen, gemalte Erinnerungen. Du experimentierst, eine Ausbildung hast du nie gehabt, du mußt erfinden, was längst erfunden ist, du hantierst mit Kreide, mit Lack, mit Sand, träufelst und sprühst Farben, verrätst die Machart eines Bildes ungern, sagst geheimnisvoll: Mischtechnik. Du gibst deine Bilder nicht her, käuflich wäre keines, du lebst mit ihnen und zwischen ihnen, sehr selten besuche ich dich in deiner Bilderwelt, noch seltener läßt du Freunde in deine ›Residenz‹ ein.

Eigentlich wolltest du doch Pianist werden! Aber dann kam der Krieg. Später hast du gesagt, dieser Krieg mußte kommen, damit meine Finger untauglich für eine Pianistenlaufbahn wurden, der meine Nerven nicht gewachsen wären. Aber: komponiert hättest du gerne, das weiß ich. Manchmal spielst du Kühner auf dem Cembalo oder auf der Orgel in einer Dorfkirche.

Als du noch unschlüssig warst, ob du Musiker, Maler oder Schriftsteller werden wolltest, hast du zunächst einmal ein paar Semester Jura studiert. Und nach dem Krieg mußte viel bewältigt und aufgearbeitet werden, das konnte man nicht mit Farben und nicht mit Tönen, da mußtest du schreiben. ›Die Übungspatrone‹; ›Nikolskoje‹, das Kriegstagebuch aus Rußland; ›Wahn und Untergang‹, die Geschichte des Zweiten Weltkriegs. Wir können uns unsere Themen nicht aussuchen, sie drängen sich uns auf.

Lange, zu lange Jahre warst du ein Lektor, einer, der fremde Texte lesen und bearbeiten mußte, wo du doch selbst schreiben wolltest. Hörspiele, Romane, Erzählungen, aber im Grunde bist du ein Lyriker. Du läßt die Worte für dich denken, so wie du beim Malen die Farben und Techniken für dich denken läßt. Du legst die Hand auf einen Farbkasten und sagst, da ist alles drin, lauter Bilder! Und genauso verhältst du dich mit Wörter-Büchern, da sagst du auch, man muß die Worte nur herausholen und in die richtige Reihenfolge bringen, sie sind ja alle schon da, lauter Verse!

Du schwelgst in Worten, in Farben, in Tönen.

Mir stehen nur Worte zur Verfügung. Ich schreibe das ohne Neid.

Als wir zum ersten Mal ein gemeinsames Buch planten, da haben wir beide geschrieben, du über deine Welt des Nordens, ich über meine des Südens, was wir ›erfahren und erwandert‹ hatten, jeder für sich, aber auch zusammen.

In diesem Buch überläßt du mir die Worte. Worte zu deinen Dienstag-Bildern. Deine Bilder – meine Worte. Ein Buch für jene, die immer mit im Bunde sind: die Leser.

Kassel, Frühling 1987

DIE PAPPEL VERLÄSST SICH AUF DEIN GEDICHT

Als wir zum ersten Mal im Park waren, der ›Karlsaue‹, und nebeneinander um den See gingen, hast du gesagt, wegen dieses Sees könne man nach Kassel ziehen. ›Man‹ hast du gesagt, aber es klang schon ein ›ich‹ durch. Es war im November, und es war neblig, man sah nicht viel, nur Schemen. Und als wir zum zweiten Mal, einen Frühling später, um den See gingen, hat einer dem anderen einen Baum zum Geschenk gemacht. Ich habe dir eine alleinstehende Birke geschenkt und du mir einen Weidenbaum, dessen Zweige im Wasser schleiften. Da hieß es schon nicht mehr ›man‹, aber auch nicht ›ich‹ und ›du‹, da hieß es schon ›wir‹ und ›uns‹. Seither: ›unser Park‹. Wir hätten uns jüngere Bäume schenken sollen! Dein Baum beugte sich, wurde zur Gefahr und mußte geschlagen werden; mein Baum stürzte sich ins Wasser. Altes Sumpfgelände, die Fulda fließt daran vorüber, es stürzen viele Bäume; wir haben keine Betrachtungen daran geknüpft.

Wie oft haben wir den See umrundet? Wie oft haben wir ihn überquert, wenn er zugefroren war?

Je älter ich werde, desto wohltuender wirkt geordnete Natur auf mich. Ich beruhige mich, wenn ich am Ende eines Tages den Anordnungen der Alleen folge, eine Kastanie aufhebe und in die Hand nehme, den geselligen Schwarm der Krähen vorm Abendhimmel beobachte und den geordneten Flug der Wildenten.

Wir müssen uns nicht verständigen; wir biegen in einen Weg ein, der von Lindenbäumen begleitet wird, und gehen einmal um den See; wir haben die gleiche Schrittlänge. Auf einem anderen Weg kehren wir zum Parktor zurück, das nicht geschlossen wird, über das Knöterich wuchert. Dem Parkwächter begegnen wir nicht mehr. Früher war er, wenn es dämmrig wurde, mit seinem Schäferhund unterwegs; er bewachte den Park, sorgte für Einhaltung der Parkordnung. Nun hat er keine Befugnisse mehr. Für den Schutz der mündig gewordenen Parkbenutzer fühlt er sich nicht zuständig. Hunde werden nicht mehr angeleint, Kinder nicht mehr ermahnt, die Rasenflächen nicht zu betreten, die Ordnungstafeln, die am

Eingang stehen, bekommen Museumsreife. Radfahren, Joggen, Lagern auf Wiesen, Schlittschuhlaufen, Schlittenfahren: erlaubt ist, was gefällt.

Wir denken oft dankbar an die hessischen Landgrafen. Der eine ließ sich in den Fuldaniederungen einen Renaissancegarten anlegen, ein anderer ließ den Garten zu barocken Parkanlagen ausweiten. Ohne die botanischen Neigungen, ohne den absolutistischen Ehrgeiz der Landgrafen hätten wir nur Freizeitgelände, nur Aschenbahnen, Fußballstadien, Seen zum Surfen und Rudern. Parkplätze statt Parks. Der alte Park setzt dem veränderten Verhalten seiner Nutznießer einen natürlichen Widerstand entgegen. Die Bäume kümmern sich nicht um Radfahrer und Läufer. Meine Freundin Krystyna aus Warschau hat in ihrem Neujahrsbrief geschrieben: ›Man spricht viel davon, wie der graue Mensch schuften mußte, um den Herren ihre Paläste, Parkanlagen, Bilder, Skulpturen zu deren Lust herzustellen. War es aber nicht besser, für solche Kunstschätze zu arbeiten, als so, wie wir es heute machen, für unser Geld Atombomben, Tanks und andere Rüstung zu produzieren? Früher arbeitete der Mensch für die Vergnügungen eines anderen, heute arbeitet er für seine eigene Vernichtung. Und keine Revolution bricht aus.‹

Die ersten Krokusse sehen wir in unserm Park, sehen ein Entenpaar im Gehölz verschwinden, und, nach geraumer Zeit, sehen wir eine Entenfamilie auf dem Wasser. Sechs kleine Enten! Elf kleine Enten! Dann die jungen Schwäne. Die ersten und die letzten Schwalben. Wir kennen den Duft der Sommerlinden und den Duft der Winterlinden. Der erste Rauhreif. Manchmal sehen wir ein paar Pfaue aus höfischer Zeit, die ihre königsblauen Schleppen über den grünen Rasen ziehen, den kleinen Kopf hochmütig erhoben; sie stoßen ihre unpassenden Schreie aus, richten sich bei Dunkelheit auf ihrem Schlafbaum ein.

›Komm in den totgesagten park!‹ sage ich; jene Zeilen eines anderen George-Gedichts hebe ich mir für später auf: ›Wenn auch nicht mehr uns beschert ist/Als noch ein rundgang zu zwein.‹

Wie viele Gedichtzeilen wurden hier zitiert, wie viele sind hier entstanden!

›Die Pappel verläßt sich auf mein/Gedicht. Und die in der/Abendsonne glühende Kiefer./Ihre Wipfel sind nur mit/Versen erreichbar . . .‹ So fängt eines deiner Gedichte an. Ich kenne die Pappel! Ich kenne die Kiefer! Oder sind es andere? Ist das wichtig? Wenn du schreibst und wenn du malst, setzt du die Zutaten, die dein Gedächtnis dir liefert, neu zusammen. Die Realität gilt dir weniger als mir.

Du fotografierst auch nicht, du machst dir kein Bildnis, schon gar nicht von Menschen, Menschen kommen auf deinen Bildern selten vor, du brauchst sie nicht, du brauchst Bäume, Erde und Himmel und was dazwischen ist: die Vögel. Wo sind die Narzissenwiesen unseres Parks? Wo die Balsaminen, die an den Ufern der Bäche blühen?

Ich bin die einzige, die erkennen kann, daß es unser Park ist. Du hast den Tempel von anderswo genommen. Wohin führt der helle Weg? Woher hast du dir diese Statue geholt? Aus Versailles? Aus Würzburg? Oder stand sie einmal am Rand der Karlswiese, wo die heiteren Sandsteinfiguren verwittern und dann eine nach der anderen verschwinden? Diese hat sich in dein Bild gerettet. Der Hügel im Hintergrund, schön bewachsen mit Thuja und Eiben und Zypressen, wir beide wissen, daß es sich um eine Bodenformation des 20. Jahrhunderts handelt: um Gebälk, Backstein, um Porzellan, um Knochen, einer der Trümmerberge der im Krieg zerstörten Stadt. Ein Todeshügel. Einige der Toten, die nicht mehr aufgefunden wurden, habe ich gekannt, meine Freundin gehörte dazu.

Wir haben uns den Park im Gewohnheitsrecht angeeignet, die Freunde sagen bereits: euer Park.

Die Pappel verläßt sich auf dein Gedicht!

ES WAR EINMAL EIN TEICH . . .

Vor Jahren wolltest du mir eine Landkarte schenken, auf der mein Geburtsort Schmillinghausen eingetragen war, möglichst in großem Maßstab, damit auch die Stätten meiner Kindheitserinnerungen deutlich erkennbar wären, Feldwege, Bäche und Mühlen. Du erwarbst die entsprechende topographische Karte, mehrfarbig, vom Hessischen Landesvermessungsamt 1957 herausgegeben, im Maßstab 1:25 000, also vier Zentimeter auf der Karte gleich einem Kilometer in der Natur; selbst Feldscheunen und einzelstehende markante Bäume waren verzeichnet.

Mein Dorf lag auf dieser Karte unten links in der Ecke. Das erschien dir nachteilig, weil wir die Karte auch als Wanderkarte benutzen wollten; Ausgangspunkt sollte dabei der Gasthof Teuteberg sein, der früher Gröticke hieß und sich von einer Wirtsstube für die männlichen Dorfbewohner inzwischen zu einem ansehnlichen Landgasthaus für Stadtbewohner entwickelt hat. Die Lage meines Geburtsortes am Kartenrand erschien dir aber auch als eine Herabsetzung, ja, als Kränkung meines Dorfes, also hast du in die Weltschöpfung beziehungsweise in die Hoheitsrechte eines staatlichen Vermessungsamtes eingegriffen, hast die drei Anschlußkarten erworben, ebenfalls im Maßstab 1:25 000, hast sie mit der Schere beschnitten, ganze Dörfer und Wälder dabei opfernd, und so aneinandergeklebt, daß Schmillinghausen in die Mitte zu liegen kam, Mittelpunkt der Welt, wie es meinen Erzählungen entsprach. Dabei gab es eine zusätzliche Schwierigkeit: Nicht weit von meinem Dorf entfernt verläuft die Grenze zu Nordrhein-Westfalen, eine der drei Anschlußkarten war von dem Landesvermessungsamt eines anderen Bundeslandes herausgegeben, und dieses war offensichtlich rückständiger, die Karte war nicht mehrfarbig wie die hessischen, auf denen Wälder und Felder und Gewässer braun und grün und blau gefärbt waren. Also hast du dich ein zweites Mal als Demiurg betätigt, hast, um die Karten einander anzugleichen und ein einheitliches Bild herzustellen, zu Farbkasten und Pinsel gegriffen und das, was das nordrhein-westfälische Vermessungsamt nicht geleistet hatte, selbst be-

13

sorgt. Du hast Wäldern und Tälern Farben gegeben. Diese Karte ist einmalig, unersetzbar; du hast sie mit Folie überzogen, hast ihr Dauer verliehen, sie ist nun stoß- und regensicher. Die Erklärungen der Zeichen und Abkürzungen, die sogenannte ›Legende‹, hast du auf der Rückseite aufgeklebt.

Über diese von dir geschaffene Welt gehe ich mit Augen und Zeigefinger im Vierzentimetertempo. Ich verwandle, mit Hilfe der Legende, die Höhenangaben zu Bergen, alle diese Chiffren und Codes zu Laub- und Nadelwäldern, zu Wiesentälern und Waldrändern, zu Forsthäusern, am Hirschgeweih kenntlich, zu Sand- und Kiesgruben, zu Bahnhöfen und Hünengräbern.

Die geometrische Anlage der nahen barocken Residenzstadt Arolsen ist deutlich erkennbar, Schloß und Schloßpark, auch der Schloßteich, auf dem mein Vater mit den waldeckschen Prinzessinnen Schlittschuh gelaufen sein soll. Dann die Eisenbahnlinie, die mir den ersten Zugang zur Welt verschaffte, eingleisig, nicht auf Rückkehr bedacht. Die Straße, die lange mein Schulweg gewesen war, ist inzwischen zur Bundesstraße 252 ausgebaut, wir sind damals zu fünft mit Rädern nebeneinander gefahren, bis uns ein Auto auseinandertrieb; heute ist die Straße so verkehrsreich, daß man eine Umgehungsstraße plant; ich versuche eine Linie zu ziehen, die mein Dorf rechts oder links liegen läßt. Am Hellenberg etwa? Das ist nicht möglich, dort liegt der Friedhof, man kann nicht die Toten von den Lebenden trennen! Und die andere Seite? Wo die Bäche, die aus den schönen Waldwiesentälern kommen, zusammenfließen? Das ist doch unmöglich! Die Walderdbeeren im Pessinghäuser Grund, die Champignonwiesen im Holzhäuser Grund, wo früher einmal Dörfer lagen, im Dreißigjährigen Krieg zerstört, aus den Steinen hat man Häuser in Schmillinghausen gebaut, als Kind habe ich noch Reste dieser Dörfer gesehen. Und dann der Sprengel, das dritte der Täler, wo meine Mutter manchmal an der Quelle des Baches ein Picknick veranstaltete. Sogar mein Vater kam mit und spielte mit seinen Töchtern Ball. Höhepunkte des Jahres! Im Sprengel stoßen meine Augen an die Gemeindegrenzen, die du mit roter Tusche nachgezogen hast; du hast meinem Heimatgefühl Grenzen gesetzt.

Bei Gashol, der alten Ziegelei, steht ›Whs‹, aber dort gab es damals kein Wirtshaus, dort lebten die Freunde der Eltern, dort gab es altmodische Puppen, die genauso aussahen wie die Puppen, mit denen Maximiliane von Quindt auf Poenichen gespielt hat. Alles ist ja so dicht verwoben . . . Auf Gashol gab es die beste

15

Schichttorte; mein Vater bekam sie von seiner alten Freundin Adolfine zu jedem Geburtstag geschenkt, dann blühten die Heckenrosen, dann gab es Erdbeerbowle im Pfarrhaus . . .

Auf der Karte steht ›Prinzessinfichte‹. Aber wir sagten Prinzessinnentannen! ›Wbh‹ steht am Dorfrand, ›Wasserbehälter‹ laut Legende, aber in Wirklichkeit lag dort das ›Bassin‹, wo wir Schlitten gefahren sind. Die tausendjährige Kroneiche ist mit ›ND‹ ausgezeichnet, ›Naturdenkmal‹, leicht zu finden auf der Karte, aber bei keiner unserer Wanderungen haben wir sie ausfindig machen können, schon mein Vater, der sein Leben in Schmillinghausen verbracht hat, von Kindheit an, konnte sie nie finden. Dann der Stucksforst, 412 Meter ü. N., ist das keine beachtliche Leistung für das kleine Fürstentum Waldeck? Wir sind hier nicht im Kaiserstuhl und nicht im Schwarzwald!

Ich nenne nun alles beim Namen, ich verschlüssele nicht mehr. ›Sägemühle‹, sage ich; es ist die erste der drei Mühlen, die von demselben Bach betrieben wurden. Im ›Glücklichen Buch der a. p.‹ heißt sie ›Vogtsmühle‹, ein ganzes Kapitel des Romans heißt ›Heimatkunde‹. Als ich das Buch schrieb, ging ich noch nicht so freimütig mit meiner eigenen Vergangenheit um, da bestand noch nicht soviel Einverständnis, da war noch Zurückhaltung geboten. Ich hatte schwarze Zöpfe und nicht blonde wie jene a. p. Der Bach, zu dem sich die kleinen, aus den Waldtälern kommenden Bäche vereinigen, heißt ›Wande‹ und nicht ›Merlebach‹; und der Berg, an dem der Friedhof liegt, heißt Hellenberg und nicht Eresberg. Das Arzthaus ist ein Pfarrhaus. Der Sandweg, an dem a. p. als Kind spielte, heißt auch in dem, was ich Realität nenne, Sandweg; auch a. p. hielt die Realität für eine legitime Schwester der Phantasie.

Jene a. p. hatte zwei Schwestern, ich habe nur eine, sie heißt Ursula. Mit ihr ging ich oft zum Hellenberg, in den großen Wald, um Pfifferlinge zu suchen, und manchmal gerieten wir an eine schmale Schneise zwischen hohen Fichten, dorthin, wo die Zwerge unter den weit aufgespannten Schirmen der Fliegenpilze wohnten. Es gibt noch jemanden, der weiß, wo die Zwerge wohnen! Dort holten wir am Tag vor Ostern das Moos für die Hasennester. Aber kennt meine Schwester auch den Teich, zu dem kein Weg führte, diesen Teich, den man antraf oder nicht antraf? Dort bin ich mit den Dorfjungen Schlittschuh gelaufen, sie fanden den Teich immer, und sie fanden auch immer den Weg durch den Wald zurück ins

Dorf; es war dann schon dunkel, die Jungen lärmten, ohne sie hätte ich mich gefürchtet, mit ihnen fürchtete ich mich allerdings auch, ich ging allein hinter ihnen her. Anpassung habe ich erst allmählich gelernt. In meiner Erinnerung läuft die Schwester nie Schlittschuh, sie sitzt auch nie auf einem Schlitten: sie liest. Sie konnte schon lesen! Und manchmal holte sie mich an Winternachmittagen in die Ofenecke, zog den Ofenschirm vor uns, machte uns unsichtbar, und dort erzählte sie mir Märchen, die sie sich ausgedacht hatte. Sie war sieben Jahre alt, als ich vier Jahre alt war, sie erzählte mir die Geschichten ›ein wenig kindlich‹, wie sie es nannte; ihre pädagogische Begabung zeigte sich schon früh.

Wenn man mich nach meinen ersten Erinnerungen fragt, erzähle ich, wie ich neben meinem Vater am Waldrand oberhalb des Friedhofs stand, die Sonne ging unter, mein Vater zeigte mit seinem Spazierstock nach Westen, sagte dabei ›Sonnenschein‹ und wollte mir Unterricht im Sprechen erteilen. Ich konnte kein ›S‹ aussprechen, sagte statt dessen ›J‹, er wiederholte mehrmals das Wort ›Sonnenschein‹, und ich wiederholte jedesmal ›Jonnenschein‹.

Von Picasso stammt die Äußerung, daß die einen eine Sonne malen wollen und einen gelben Fleck machen, und die anderen machen einen gelben Fleck, und es wird die Sonne. Von der Sonne sieht man auf deinen Bildern immer nur den Schatten, den Bäume und Berge werfen. Befürchtest du, daß es ein gelber Fleck werden könnte? Manchmal wird ein Mond sichtbar, manchmal auch zwei Monde. Die Sonne weiblich, der Mond männlich, bei uns stimmt das. Es ist immer Vollmond auf deinen Bildern, wie bei Eichendorff, und dein Mond ist größer und heller als der richtige Mond. Dem Maler ist mehr gestattet als dem Schreiber.

Als wir im vorigen Jahr über den Hellenberg gingen, haben wir die Wiese, auf der im Frühling die Himmelsschlüssel blühten, nicht gefunden. Neue, geschotterte Wege waren angelegt worden, damit die Fremden, die Sommergäste, auch bei schlechtem Wetter spazierengehen können. Man hat Wegemarkierungen angebracht und Schutzhütten aufgestellt. Wo früher eine Schonung war, steht heute ein Hochwald. Ich finde mich nicht mehr zurecht. Ich habe dir den Teich nicht zeigen können, er war nicht aufzufinden, du hast von Verschilfung und allmählicher Versandung gesprochen. Ich habe eingewandt, daß ich dort Schlittschuh gelaufen sei, daß es kein Tümpel war. Ich konnte eine liegende Acht laufen! Das

Ewigkeitszeichen. Verschilft, versandet, verloren. Einen Ameisenhaufen habe ich wiedergefunden, an der alten Stelle, unter hohen Kiefern, deren Stämme im Abendlicht leuchteten. In einer Viertelstunde hatten wir den Wald, der doch für mich einmal unendlich groß gewesen war, durchquert und blickten über die Felder zum Gertenberg; wo ich hinblickte, erwuchs eine Geschichte, eine Legende, ein Märchen.

Ich suche den Teich auf der Karte, er müßte doch eingetragen sein, es müßte ein ›Whr‹ danebenstehen, was ›Weiher‹ heißt. Der Mühlenteich am Dorfrand, der die Kornmühle betrieb, ist doch auch eingezeichnet, und die Marksteiner Teiche im Tiergarten, der zum Arolser Schloß gehört, waren auch nicht größer als mein Teich, der keinen Namen hatte, der immer nur ›der Teich am Hellenberg‹ hieß, unvermutet stand man davor, wenn man ihn aufsuchen wollte, fand man ihn nicht. Statt dessen haben wir einen Steinbruch entdeckt, den ich als Kind nie gesehen hatte. War dem Kartographen des hessischen Landesvermessungsamtes jener Teich zu unbedeutend, der in meinem Leben so bedeutend war? Wir suchen zu zweit, die Größe eines Stecknadelkopfes müßte er doch haben. Du bist kartenkundiger als ich, du hast das Kartenlesen bei den Pfadfindern, später sogar in einer Kriegsschule gelernt. Aber auch du findest meinen Teich nicht. Du bezweifelst seine Existenz und glaubst einem Landvermesser! Du hast die Karte auf deiner Seite.

»Es war einmal ein Teich . . .«, sagst du, verwandelst meine Erinnerungen in ein Märchen. Du bietest dich an, dich ein weiteres Mal als Demiurg zu betätigen und den Teich für mich einzuzeichnen, exakt nach meinen Angaben. Als ob ich exakte Angaben machen könnte, es war schon immer ein unzuverlässiges Gewässer. Ich werde meine Schwester danach fragen, sie ist mein Kronzeuge. Dort lebten Elfen und Nixen. Unterm Eis, auf dem ich Schlittschuh lief.

18

EIN PARK DER VERGÄNGLICHKEIT

Heidelberg. ›Lange lieb ich dich schon, möchte dich, mir zur Lust,/Mutter nennen . . .‹ Diese an die Stadt gerichteten Verse hatte man, unbedacht, im Treppenhaus der Oberschule für Mädchen, der Hölderlin-Schule, benannt nach dem Dichter der Verse, angebracht; sie bekamen einen anderen, zweideutigen Sinn in den Köpfen der Sekundaner, deren Tanzstundendamen jene Schule besuchten. Einer deiner ehemaligen Klassenkameraden, ein pensionierter Ministerialdirigent, gab es zum besten. Heiteres Erinnern.

Wir waren wegen eines Klassentreffens, ›55 Jahre Sexta des Kurfürst-Friedrich-Gymnasiums‹, nach Heidelberg gekommen. Grauhaarige Sextaner, die meisten im Ruhestand, wohlverdient. Karrieren, Kinder und Enkel zum Vorzeigen, Häuser zum Vorzeigen. Du hättest ein paar deiner Bücher als Beweismittel mitnehmen sollen.

Wir haben die Gelegenheit benutzt, an einem weiteren Jahrhundertereignis teilzunehmen: Ehrfürchtig standen wir vor der ›Goldenen Bulle‹ und vor dem ›Falkenbuch‹ Friedrichs des Staufers, aus der Bibliotheca Palatina, der Mutter aller deutschen Bibliotheken, die für die Dauer der 600-Jahrfeier der Heidelberger Universität aus der Vatikanischen Bibliothek an ihren angestammten Aufbewahrungsort, die spätgotische Heiliggeistkirche in Heidelberg, zurückgekehrt war.

Wir wohnten im ›Europäischen Hof‹, bis vor kurzem das erste Haus am Platz. Jahrelang bist du auf dem Weg zur Schule mit dem Fahrrad an diesem Hotel vorbeigefahren; die Leute, die sich damals in dem dazugehörigen Park ergingen, erschienen dir wie Wesen höherer Art; jetzt warst du selber ein solches Wesen . . . Im Foyer, im Treppenhaus, im Frühstückssaal, überall wimmelte es von kleinen Japanern, die für den Frieden in der Welt unterwegs waren, so stand es auf den Omnibussen, so stand es auf den feinen Gepäckstücken, mit denen sie ihre Botschaft durch die Welt trugen. Von ihrer Mission haben wir weiter nichts erfahren, nur Gezwitscher.

Wir gingen zu deinem Elternhaus, das am Hang liegt. Hier, sagst du, kaufte meine Mutter die Wurst, die mein Vater so gerne aß, hier, in dieser Kirche, habe ich das Orgelspiel erlernt, hier wohnte meine alte Klavierlehrerin, die immer sagte: ›Die Herren werden es schon richtig machen‹, aber die Herren waren die Herren des Hitler-Reiches ... Du wirst immer stiller, die Stadt macht dir die Endlichkeit bewußt.

Nicht weit von deinem Elternhaus liegt der schöne Bergfriedhof, mehr ein Park für die Lebenden, ein Park der Vergänglichkeit. Hier gewöhnt man sich an den Gedanken des Todes. ›Der Tod ist die Angelegenheit der anderen‹, behauptet der Philosoph Kuno Fischer, der auf dem Friedhof liegt. Er irrt.

Es war November, der Allerseelentag. Auf vielen Gräbern standen Ewigkeitslichter. Je dunkler der Regentag wurde, desto heller wurden die Lichtzeichen auf den Gräbern. Es sah schön aus, es ist ein schöner Brauch, aber wir stammen beide aus protestantischen Pfarrhäusern.

Der Tod macht nicht alle gleich. Ansehen und Reichtum sind augenfällig. Schaufenster ins Diesseits. Es gibt große und kleine Grabstätten, Eckgrundstücke, auch Gräber in der zweiten Reihe, vor allem aber die bevorzugte Hanglage mit dem Blick über die Rheinebene.

Viele Platanen, schöne Kastanien, die man auf Friedhöfen selten sieht, hellgelbe runde Teppiche unter den entlaubten Birken. Scharfer Geruch der faulenden Kastanienblätter. Efeu überwuchert die Grabsteine. Später Nachmittag, Besuchszeit. Wir verweilen kurz bei Robert Bunsen, erinnern uns an die Versuche im Physiksaal mit dem Bunsenbrenner, du im Heidelberger Kurfürst-Friedrich-Gymnasium, ich im Christian-Rauch-Gymnasium in Arolsen. Alle die Gräber von Professoren, ganze Dynastien, und immer die Frauen zur Seite oder zu Füßen, das wird im Leben nicht anders gewesen sein. Theologen, Chirurgen, Juristen. Sarkophage und Grabstelen. Elisabeth Pattberg! Den Namen kenne ich, sie hat an ›Des Knaben Wunderhorn‹ mitgearbeitet. Es fehlt auch auf den Friedhöfen noch an namhaften Frauen, noch liegen sie an der Seite ihrer berühmten Männer. Ein kurzer Besuch bei Wilhelm Furtwängler. Wir betrachten nachdenklich den liegenden Findling. Wir müssen – beizeiten – darüber sprechen, dieser regnerische, sterbensfrohe Novembertag ist dafür geeignet. Der Platz und der Stein werden für uns beide gelten müssen. Der Ort steht fest, das Datum bleibt offen. An klaren Tagen, sagst du, kann man, wenn die Bäume nicht belaubt sind, von hier aus den Dom von Speyer sehen, das sagst du immer, wenn wir in Heidelberg sind, nie waren es klare Tage.

Johann Heinrich Voß, der Freund Goethes und Homer-Übersetzer! Wir deklamieren die ersten Zeilen: Andra moi, enepe, mousa, polytropon hos mala polla . . . Mir hat sie mein Vater beigebracht, du hast sie in der Schule gelernt, du hast sogar freiwillig, aus früher Freude an Dichtung, lange Partien der Odyssee ins Deutsche übersetzt.

Wir müssen Friedrich Ebert besuchen, darauf habe ich bestanden. Wir suchten, trotz der Hinweisschilder, lange, der unübersichtliche Friedhof mit den gewundenen Wegen taugt nicht für eilige Besuche. Ich habe Abbitte geleistet! Maximiliane von Quindt auf Poenichen in Hinterpommern hat als kleines Mädchen ihre Puppen ›Noske‹ und ›Ebert‹ genannt, hat sie mit der Rheumasalbe des Großvaters eingerieben und sie dann in Gegenwart einiger Politiker unter der alten Blutbuche im Park begraben, mit der Begründung: ›Der Ebert stinkt!‹ Womit die politische Karriere des alten Quindt beendet war. Auch so kann man eines großen Staatsmannes gedenken.

Und dann jene geheimnisumwitterte Grabstätte ohne Grabstein, von Unkraut überwuchert, ungenutzt! Man hat dir erzählt – du warst noch ein Schuljunge –, daß ein junges Ehepaar aus den Vereinigten Staaten, wenige Jahre vor Ausbruch des Ersten Weltkriegs, die Pfalz, das Land seiner Vorfahren, besuchte, auch den Heidelberger Bergfriedhof. Der Platz gefiel den beiden so gut, daß sie beschlossen, dort später ihre Ruhestätte zu finden und schon jetzt den Grabplatz zu kaufen: begraben liegen, wo man glücklich war. Auf der Rückreise nach Amerika ging das Schiff unter, keiner der Passagiere wurde gerettet. Aber der Grabplatz durfte dreißig Jahre lang nicht anderweitig belegt werden, weil er für diese Dauer erworben war. Der badische Dichter Emil Strauß hat eine Novelle darüber geschrieben.

Noch ein anderes Grab, das du aus deinen frühen Heidelberger Jahren kanntest, wolltest du mir zeigen, aber im Labyrinth der Wege und bei zunehmender Dunkelheit konntest du es nicht wiederfinden: das Grab des Philologen Friedrich Creuzer, zu dem die Dichterin Karoline von Günderode in Liebe entbrannte, eine unglückliche Liebe, die das schöne Mädchen mit 25 Jahren in den Tod trieb;

an einem Julitag des Jahres 1806 ging sie frühmorgens bei Winkel am Rhein ins Wasser. Du hast das Grab als Primaner auf deinen einsamen Gängen mehrmals aufgesucht, hast dir den Briefwechsel der beiden Liebenden beschafft. Die Flucht eines jungen empfindsamen Menschen aus der seelenlosen Welt der dreißiger Jahre in eine schönere, empfindsamere Vergangenheit? Tod aus Liebe, wo es nur um Heldentod ging. Du wechselst den Tonfall und fügst hinzu: Vielleicht war es auch das erste Anzeichen eines Sinns für das Groteske, für diese durch die Vergänglichkeit absurd gewordene Liebe zweier ehemals junger, schöner Menschen?

An der Heidelberger Universität hat der Philosoph Karl Jaspers seine Transzendentalphilosophie gelehrt: daß wir nicht durch uns selber sind, uns nicht selber geschaffen haben können; daß wir zwar in dem, was wir tun, frei sind, zugleich aber uns dessen bewußt sind, nicht anders zu können. Diese Erfahrungen, so lehrte Jaspers, kommen ›wie Chiffren‹ aus der Transzendenz, von Gott . . .

Du hast nach dem Krieg vor dem großen Denker auf der Hörerbank gesessen. Und noch etwas anderes Entscheidendes hast du damals aus seinem Mund gehört, als er für euch Heimgekehrte zu einem neuen, einem geistigen Führer wurde und sich zum Anwalt der Verführten und Enttäuschten machte, die in umgeschneiderten Uniformen vor ihm saßen: ›Wer in Kameradschaftlichkeit treu, in Gefahr unbeirrbar, durch Mut und Sachlichkeit sich bewährt hat, der darf etwas Unantastbares in seinem Selbstbewußtsein bewahren. Das rein Soldatische und zugleich Menschliche ist allen Völkern gemeinsam. Hier ist Bewährung und Fundament des Lebenssinnes.‹

Auf der Kuppe des Bergfriedhofs liegen die Gräberfelder eines Soldatenfriedhofs, meist Verwundete, die während des Krieges in den Heidelberger Lazaretten gestorben waren. Einer deiner Brüder ist nicht aus dem Krieg heimgekehrt. Er besitzt kein Grab. Nur auf der Gedenktafel des Kurfürst-Friedrich-Gymnasiums ist sein Name, neben vielen anderen, vermerkt.

›Friedrich Kühner, Feldunterarzt, geb. 4. IV. 18, gef. 4. V. 45.‹ Nenn ihn beim Namen, hast du gesagt, ihn vergessen hieße, ihn noch einmal töten.

DAS GRUNDWASSER STEIGT

Einer meiner frühen Romane trägt den Titel ›Die Zeit danach‹, er spielt am Niederrhein. Johanna, die Heldin des Buches, ist mit Albert, von dem sie sich hat scheiden lassen, und mit J., der ihr Liebhaber ist und den sie nicht heiraten konnte und wollte, dort unterwegs, im Auto, redend, immer nur redend. Die Bäume liefen neben den endlosen Sätzen her. Die jeweiligen Partner redeten sich auseinander und versuchten, mit den Händen wiedergutzumachen, was sie mit Worten zerstört hatten. Diese Szenen wiederholen sich, und diese Wiederholungen der Sätze, die der eine zu ihr und sie zu dem anderen sagt, machen die quälende Ratlosigkeit und die Melancholie des Romans aus. Bei einer solchen Fahrt auf den Straßen am Niederrhein sagt jener J. einmal, daß man es sich in der Liebe nicht bequem machen dürfe. Sobald ein Gefühl angenehm würde, ›behaglich‹, sei es bereits verdächtig. Für eine Geliebte müsse man Unbequemlichkeiten auf sich nehmen, Entfernungen müßten wie Widerstände überwunden werden. Für das andere, das Behagliche und Bequeme, habe man die Ehe. Und ein paar Tage – ein paar Seiten – später sitzen sie wieder im Auto und fahren irgendwohin, hinaus aus der Stadt, aus Düsseldorf oder Duisburg, genau erfährt es der Leser nicht, und dann heißt es: ›Der Abend war wirklich schön. Wolken am Himmel, zuerst rosafarben, dann weiß, dann grün.‹ Johanna wäre gern ein Stück zu Fuß gegangen, aber ihr Liebhaber, ein verheirateter Mann, sagt, was er oft sagt, daß man nie selber tun solle, was eine Maschine besser könne. Er hält den Wagen irgendwo, an einem Waldrand vermutlich, an oder in einem Feldweg, es gibt am Niederrhein nicht viele Wälder. Er versucht, Johanna zu umarmen, sie entzieht sich ihm, sie schätzt Umarmungen auf Autositzen nicht. Sie sagt: Man muß es sich nicht unbequemer in der Liebe machen als nötig. Ob J. den Unterton wahrnimmt, erfährt man nicht. Er antwortet: Sehr bequem hat man es mit dir sowieso nicht, da kannst du unbesorgt sein. Er läßt sie los und fährt weiter.

Der Untertitel des Romans heißt ›Aufzeichnungen einer unbequemen Frau‹.

Meine Jahre in Düsseldorf, die zweite Hälfte der fünfziger Jahre, als man im Rhein noch schwimmen konnte, in den schönen Buchten gegenüber der Kaiserpfalz, in Kaiserswerth, wo wir uns übersetzen ließen. Ich bin in die Strömung des Flusses hinausgeschwommen, um meine Kräfte zu erproben, ich habe mich treiben lassen und bin ein paar hundert Meter rheinabwärts wieder an Land gegangen und zurückgekehrt. Damals sagten wir, daß keiner zweimal im selben Fluß schwämme, und meinten es sinnbildlich, heute ist es nicht mehr sinnbildlich, es ist Wirklichkeit geworden, kein zweites Mal, keinmal.

Damals waren wenig Autos auf den Straßen, die Alleen noch baumbestanden, Ahorn, viel Ahorn am Niederrhein, aber auch Pappeln, die den Boden entwässern sollten, die Wurzeln nützlicher als die Stämme. Mit der Dämmerung fielen die Krähenschwärme aus dem Himmel, brachten Unruhe in die Bäume. Rauhes Gekrächze. Wir kurbelten die Wagenfenster hoch, weil wir das Schreien nicht anhören wollten. Fahr weiter, sagte ich, sprich weiter, sprich ruhig weiter, das habe ich zu dem einen gesagt, das habe ich zu dem anderen gesagt; das Auto ein anderes Auto, der Fahrer ein anderer. Im Auto redet es sich gut, man muß sich nicht ansehen, man redet aneinander vorbei. Wenn wir nicht weiter wußten, redeten wir über Krähen, stritten über Krähen. Raben! Es sind Raben! – Krähen! Es sind Krähen! Über alles kann man streiten. Wir wußten nicht, daß es Rabenkrähen gewesen sein müssen. Daß die Nebelkrähe östlich der Elbe zu Hause ist, habe ich erst gelernt, als ich mich mit dem ›Deutschen Osten‹ beschäftigte, als mein Pensum jahrelang Pommern hieß.

Oder waren es Saatkrähen, die wir gesehen haben? Wahrscheinlich waren es Saatkrähen, der Streit war unnötig, jeder Streit war unnötig. ›Ein harmloser Allesfresser‹ steht in meinem Vogelbuch, von Totenvogel ist die Rede. Die Saatkrähen vereinigen sich zu großen Nistgesellschaften, bauen ihre Nester so nahe nebeneinander, daß sich in einem Baum häufig 50 Nester befinden. Solche Bäume haben wir gesehen und haben gestritten, ob es verlassene Vogelnester seien oder Mispelgebüsch, Schmarotzer, erst zu Weihnachten nützlich, wenn Liebende sich unter den Mispelzweigen küssen. Damals verbrachte ich die Weihnachtsfeste allein.

Mit den Schiffen sind auch die Möwen vom Meer rheinaufwärts gekommen; die Krähen und die Möwen, sie müssen über den abgeernteten Feldern miteinander auskommen.

25

Du hast andere Erinnerungen an den Niederrhein, sie liegen noch weiter zurück, reichen bis in deine Heidelberger Sekundanerjahre. Einer deiner Klassenkameraden, Sohn eines Stinnes-Direktors, hatte dich als Begleiter auf die Ferienreise mitgenommen, immer auf Stinnes-Schiffen, erst nach Norwegen, dann nach Ostpreußen, von da nach Rotterdam. Dort seid ihr auf einen Schleppkahn umgestiegen, der fünf Lastkähne hinter sich herzog, rheinaufwärts, im Schrittempo, langsam genug, um neben den Kähnen herschwimmen zu können oder die Landschaften zu beiden Seiten des Stroms in dein Skizzenbuch zu zeichnen, auch, der Reihe nach, sämtliche Burgen, ›Katz‹ und ›Maus‹, ›Rheinfels‹, ›Drachenfels‹. In Bingen mußte man euch mit dem Ruderboot an Land übersetzen, weil am nächsten Morgen der Schulunterricht wieder begann. Sechs Ferienwochen waren vergangen . . .

Die Landschaften des Niederrheins sind Schauplätze meines Lebens. Die toten Rheinarme, die Stechmücken überm brakigen Wasser, die flachen Seen zur holländischen Grenze hin, wo man an milden Novembertagen noch Boot fahren konnte. Zuckerrübenernte, die Trecker mit den hochbeladenen Anhängern waren unterwegs, die Straßen lehmig und glitschig, jede Pappel hätte zur Todesursache werden können. Fahrer und Beifahrerin waren unaufmerksam. Und immer wieder Pappeln zur Seite, wenn wir anhielten, blieben sie stehen, fuhren wir weiter, rasten sie nebenher.

Pappeln umgrenzten das Grundstück, auf dem unser Haus stand; ich hatte es mit meinem ersten Honorar gekauft, das Grundstück auf Erbpacht, 99 Jahre, die Lebenszeit überdehnt. Dem Vorbesitzer, dem Pflanzer der Pappeln, hatten offenbar Bäume als Begrenzung seines Besitzes nicht gereicht, er hatte Stacheldraht ziehen lassen und dann auch noch Knöterich gepflanzt, der hoch hinauswollte, der keinen Baumwipfel über sich duldete, höher und höher kletterte, die Spitzen der Pappeln erreichte und dort unbekümmert blühte. Im Herbst nahm ich den Kampf auf, hängte mich an die Äste des Knöterichs, um ihn herunterzureißen und die Pappeln von dem Schmarotzer zu befreien. Äste wie Schaukeln. Mißverständnisse. ›Die Ranke häkelt am Strauche‹ – nie ist mir die Genauigkeit einer Gedichtzeile so deutlich geworden wie dort am Starenweg, in dem es viele Stare gab, aber auch Flugzeuge, die die Vögel aufstieben ließen. Der Flugplatz lag nahe, abends brachte ich meine Briefe zum Flughafenpostamt, saß eine Weile in der Halle,

26

schlenderte umher, hörte Ausrufe: »Mr. Brehm, bitte zur Information!« Als die Pappeln zu hoch in den Himmel wuchsen und zur Behinderung des Flugverkehrs wurden, hat die Feuerwehr sie geköpft. Das war, als die ersten Caravelle-Flugzeuge Düsseldorf anflogen und der Fluglärm störend wurde. Als die Boeing 707 eingesetzt und längere Startbahnen gebaut wurden, war ich schon fortgezogen. Ich konnte auf die Erfahrungen meiner Heldin Johanna aus dem Roman ›Die Zeit danach‹ zurückgreifen, das erleichterte mir die eigenen Entscheidungen, das Ende meiner Ehe betreffend.

Später, viele Jahre später haben wir zu zweit vor dem Grundstück im Starenweg gestanden. Die Pappeln waren wieder und wieder geköpft worden, waren kaum noch als Pappeln kenntlich, das Haus war umgebaut. Ich habe dir einiges aus jenen Jahren erzählt. Mitten in einem Satz habe ich meinen Bericht abgebrochen.

Das Grundwasser steigt.

BEI GÜNSTIGER WITTERUNG KANN MAN
DIE WARTBURG SEHEN

Wenn ich auf einer Mittelmeerinsel im Schatten der Seekiefern einschlafe, weiß ich noch im Halbschlaf, wo ich bin; ich erkenne die Gerüche, erkenne den Wind und die Beschaffenheit des Waldbodens. Ich traue mir zu, die Nationalität eines Waldes auszumachen. Ich bin in schwedischen Wäldern gewandert, wo jeder Ausflug zu einem Überlebenstraining ausartet, ich bin durch den dornigen Maquis der Provence und durch die mannshohe Macchia auf der Insel Elba gegangen, ich bin in den Rocky Mountains unterwegs gewesen und in den dunklen Wäldern der Ardennen. Es war überall schön und aufregend, es war anders, anders schön als in den Wäldern, in denen ich zu Hause bin.

Wir leben im nördlichen Hessen, der waldreichsten Gegend Deutschlands. Wir wandern oft im Richelsdorfer Gebirge und im Ringgau. Über Stunden ist man dort unterwegs, ohne jemandem zu begegnen, die deutsch-deutsche Grenze ist nahe. Der Todesstreifen führt bergauf und bergab durch die schönsten Laubwälder, durchschneidet freundliche Täler, überquert liebliche Bäche, trennt die Burg Hanstein von der Burg Ludwigstein, manchmal haben wir beide Burgen auf einmal im Blick. Ich habe gelesen, daß man vom Weltraum aus keine andere Staatsgrenze erkennen kann außer der, die durch Deutschland führt; der Todesstreifen hat die Breite einer achtspurigen Autobahn.

Wenn wir mit den Freunden Achim und Charlotte unterwegs sind, führen sie uns gern und oft zu markierten Plätzen, an denen ›Wartburgblick‹ steht. Manchmal erfüllt sich die Verheißung, meist behindert Dunst oder Nebel den Blick auf diese deutscheste der Burgen, falls man das Wort ›deutsch‹ steigern kann und will. Der Dunst, der den Blick behindert, stammt von der Braunkohle, die drüben verheizt wird. Wer drüben von ›Wartburg‹ spricht, meint nicht immer die Burg, sondern das Auto gleichen Namens, das dort gebaut wird. Vor Jahren haben wir einmal auf dem Inselsberg gestanden, dort kann man auf einer Tafel lesen, daß man bei günstiger Witterung den Hohen Meißner, die Wasserkuppe und auch den Herkules bei

29

Kassel sehen könne. Die Witterung war nicht günstig. Aber einmal haben wir mit den Freunden Rose und Ernst auf der Wartburg gestanden, und alles war sichtbar; kein Todesstreifen durchschnitt uns das schöne Bild. Mai hüben und Mai drüben. An solchen Plätzen pflege ich die letzten Zeilen von Eichendorffs Heimwehlied zu zitieren: ›Grüß dich, Deutschland, aus Herzensgrund!‹ Als Eichendorff dieses Gedicht schrieb, gab es das Heilige Römische Reich Deutscher Nation nicht mehr und das Deutsche Kaiserreich noch nicht. ›Wer in die Fremde will wandern . . .‹ Aber ist das, was drüben liegt, Fremde? Der Freund Ernst stammt aus Thüringen, im Thüringer Wald übernimmt er die Führung; mein Urgroßvater Trostbach predigte und dichtete in Waltershausen und in Tabarz, auch ich kann mitreden. Und die Freundin Rose stammt aus Schlesien, ihre Flucht endete in Quentel, ein Walddorf, wenige Kilometer diesseits der Grenze gelegen, sie hat sich hier eine zweite Heimat erworben.

Die Lieder der Romantik sind aus der Sehnsucht hervorgegangen, Sehnsucht auch nach Deutschland. Ach, wir haben nicht einmal mehr gesamtdeutsche Gefühle! In langen Gesprächen haben wir mit geladenen Gästen in Eisenach unsere Weltanschauungen ausgetauscht, nicht getauscht. Aber wir werden, wenn wieder Mai sein wird, abermals über die Grenze fahren und weiterreden, es bahnen sich Freundschaften an.

Meist bleiben wir diesseits. Wir wandern, um uns körperlich zu entspannen, um uns zu erheitern, auch die Seele muß bisweilen an die frische Luft. Achim erteilt uns Nachhilfeunterricht in hessischer Historie, er war als junger Lokalredakteur in dieser Gegend tätig. Er hat uns die Geschichte von jenem Reporter erzählt, der bald nach der Teilung Deutschlands eine gute Story für seine Zeitung benötigte und, weil es daran mangelte, kurzerhand eine solche erfand, eine ›Es-waren-zwei-Königskinder‹-Geschichte. ›Er‹ wohnte diesseits der Werra und ›sie‹ jenseits der Werra, und die Werra ist nicht breiter als zehn Meter, aber sie trennt als Grenze, als Eiserner Vorhang, die beiden Vaterländer. Es ist eine Ente, die in der Geschichte die Hauptrolle spielt. Sie bekam von einem der beiden Liebenden eine Botschaft um den Hals gebunden und schwamm oder flog damit über den Fluß, spielte den Postillon d'amour. Ob sie auch die Antwort zurückbrachte, wußte Achim nicht mehr, aber er wußte, daß diese rührende Geschichte wenig später als authentischer Bericht auf der ersten Seite der ›New York Times‹ zur Rührung der Leser stand, das deutsche Schicksal dokumentierend. Eine Zeitungsente.

Bei unseren Ausflügen fahren wir oft mit dem Wagen für einige Gedenkminuten an diese schicksalhafte Grenze oder, um nicht nur an die Natur, sondern auch an die Kultur zu kommen, zu einer der kunsthistorisch wertvollen hessischen Dorfkirchen, in Neternshausen oder in Lüderbach, und wenn die Orgel nicht abgeschlossen ist, improvisiert ohk ein wenig; manchmal singen wir einen Choral oder ein Abendlied, wir sind zu acht oder zu zehnt unterwegs, ein kleiner gemischter Chor. Charlotte zeigt uns die Märzenbecherwiese oberhalb von Weißenborn und die Stellen, wo im Vorvorfrühling an den Bächen der Lerchensporn blüht oder, später im Jahr, die unscheinbaren hessischen Orchideen.

Und dann die Picknicks! Wir holen Brot und Käse, Obst und Wurst aus dem Rucksack, Gläser und Wein, breiten eine Tischdecke aus. Wir tafeln am Rand eines Waldes oder auf einer Wiese am Hang mit schönem Rundblick. An heißen Sommertagen hat sich eine Mischung aus starkem schwarzem Tee und Rotwein als erfrischendes und durstlöschendes Getränk bewährt. Nach dem festlichen Mahl vereinzeln wir uns und lagern, je nach Veranlagung, im Schatten, im Halbschatten oder in der Sonne.

So einen hessischen Frühlingstag macht uns so leicht keiner nach! Am Waldboden blühen Maikräuter und Maiglöckchen und manchmal auch der Knoblauch. Fleischige Blätter verheißen die Sommerpracht des Fingerhuts. Das wilde Geißblatt schlingt sich im Gebüsch und verspricht süße Sommerdüfte. In Holzgerüsten hängen frische Tüten und lauern auf die ersten Borkenkäfer. Auf den Waldwiesen blüht das Wiesenschaumkraut und der gelbe Löwenzahn. Die leichtfüßigen Lärchen säumen die dunklen Fichtenwälder; am Rand der Landstraßen dritter Ordnung sind die Birken in Zweierreihen unterwegs. Die Eichenblätter sind noch halbwüchsig, die Akazien holen jetzt rasch auf. Es geht alles so schnell, vergeht so schnell. Die Ungeduld des kleinen Häwelmann, der ›mehr!‹, ›mehr!‹, ›mehr!‹ rief, hat sich im Laufe des Lebens in Goethes Wunsch ›Verweile doch!‹ verwandelt. Bleibt so! sage ich. Bleibt noch eine Weile so! So lichtdurchlässig, so hell, so grün wie diese Buchen, so gelb wie dieses Rapsfeld, das durch die Stämme schimmert. Die Blütenblätter der wilden Kirschen fallen auf Veilchen und Sternblumen und auch auf mich.

Aber ich kaue keinen Sauerampfer, ich rupfe keinen Hasenklee ab, ich esse die frischen Triebe der Fichten nicht. Ich verleibe mir diesen Frühling nicht ein. Wir werden keine Maibowle trinken, wir sind vorsichtig und mißtrauisch geworden. Dies ist nicht irgendein Frühling, dies ist der Frühling nach der Katastrophe von Tschernobyl. Ist Tschernobyl eine Geschichtszahl der Erde, die man lernen wird, wie man früher die Schlachtennamen der großen Kriege lernte? Ich blicke in den Himmel, der tiefblau ist. Ein Flugzeug zerschneidet ihn in zwei ungleiche Halbkugeln und hinterläßt einen schönen weißen Kondensstreifen, der sich kräuselt und allmählich auflöst. Es sind keine Wassertröpfchen, sondern schädliche Abgase, ich weiß es. ›Das Schöne ist nichts als des Schrecklichen Anfang‹, das habe ich nicht erst von Rilke erfahren, aber ich habe es nicht hören und nicht glauben wollen. Wenn im Juni der Holunder blüht, werde ich die Blütendolden nicht in Eierkuchenteig tauchen, um ein wohlschmeckendes Gebäck herzustellen. Oder ist dann der Spuk vorbei? Sind wir dann wieder unbekümmert? Wieder einmal davongekommen? Haben wir dann die Warnungen in den Wind geschlagen? Werde ich im Herbst die Früchte des Holunders ernten und Saft gegen Wintererkältungen einkochen? Werden wir im Sommer besser keine Pilze sammeln? Früher habe ich den mitwandernden Freunden versichert, daß diese Pilze todsicher eßbar seien; sie haben gelacht, aber meine Pilzkenntnisse nie angezweifelt. Keiner wird mir mehr glauben.

Unsere Erde hält viel aus, das habe ich doch immer gesagt. Ich habe geschrieben: Blühen ist eine Notlage. Je ärmer der Boden, desto schöner entfaltet sich, was aus eigenem Trieb wachsen und blühen will. In einem biographischen Nachwort habe ich die Frage gestellt: ›Was ist das für eine Kraft, die den Pflaumenbaum blühen läßt, woran niemand ihn hindern kann, es sei denn, er fällte ihn.‹ Der Lebenstrieb ist stark, er ist stärker als alles, was der Mensch bisher zur Vernichtung der Lebensbedingungen getan hat. Auf diesen Lebenstrieb vertraue ich, aber: mein Vertrauen ist nicht blind.

Der Zilpzalp ruft, laut und ausdauernd, man wird ihn auch drüben hören können. Ich sehe den Todesstreifen, der Ost und West voneinander trennen soll, er ist wahnsinnig genug, aber ich habe mich in vierzig Jahren daran gewöhnt. Nach dem Krieg bin ich oft illegal unter Gefahren über diese grüne Grenze gegangen; wenn ich heute nach Berlin reise, überquere ich sie ohne größere Störungen mit der Bahn. Seit wir wissen, daß die tödlichen Strahlen ohne Waffengewalt von Ost nach West und von West nach Ost dringen, ist diese Grenze wahnsinnig in der Potenz. Was gelten noch Landes- und Staatsgrenzen!

Ich liebe die Erde, auf der ich noch eine Weile leben möchte. Unser blauer Planet. Ein Kuckucksruf genügt, und ich bin wieder bereit, an das Leben zu glauben und sogar an den Menschen. Er ist lernfähig, er wird die Warnungen nicht in den Wind schlagen! Seine Intelligenz hat uns an den Rand des Abgrunds geführt; sie wird uns vor der endgültigen Vernichtung bewahren, das hoffe ich.

Wie oft ruft der Kuckuck noch? Wie lange der Zilpzalp? Kann ich mich nicht mehr auf Augen und Ohren und Nase und Füße verlassen? Taugt mein Wahrnehmungsvermögen nichts mehr?

Ach, ihr Freunde! Wenn wieder Frühling ist, dann wollen wir nach Quentel fahren und zu den Märzenbechern bei Weißenborn, wir wollen unter blühenden Kirschbäumen im Tal der Werra liegen, bei Witzenhausen, und wir wollen nach drüben blicken, den Problemen nicht ausweichen, wollen essen und trinken und mit Maßen heiter sein.

Grüß dich, Deutschland, aus Herzensgrund!

UND DANN DIE FESTLICHEN KASTANIEN

Verehrter und lieber Th. F., ich benutze als Anrede, was unter den Briefen steht, die Sie Ihrer Frau geschrieben haben. Th. F. Distanz und Respekt sind mir so wichtig wie Ihnen. Man sagt, ich sei Ihre Enkelin. Mir wäre das recht, aber wäre es Ihnen auch recht? Das Französische war Ihnen geläufig, Fontane sprach man damals noch nasal aus. Aber mit ›Grandpère‹ mag ich Sie nicht anreden.

Im Mai waren wir in der Mark Brandenburg. Wir sind nicht aus der Bundesrepublik Deutschland in die Deutsche Demokratische Republik gereist; die Chiffren BRD und DDR, die Himmelsrichtung Westen und Osten klingen politisch und fast feindlich, darum also: Mark Brandenburg, Havelseen und Spreewald. Ich wollte einen Roman zu Ende schreiben. Dieses ›lokale Einleben‹, wie Sie es nennen, bedeutet auch mir viel, ›das andere findet sich schon, selbstverständlich, wenn man einen Stoff als Keim des Ganzen hat‹. So ist es! Ich war stellvertretend für Joachim Quint, einen jungen Politiker mit poetischen Neigungen, unterwegs, aber Sie sind mir immer dazwischengekommen. Wo man auch hinkommt: Sie waren vorher da! Man kann nicht in der Mark Brandenburg wandern, ohne hinter Ihnen herzulaufen. Das ist kein Vorwurf, das ist ein Vorzug! Das fing schon in Lehnin an. Die ehemalige Zisterzienserabtei ist renoviert worden; es leben dort noch ein paar Diakonissen. In einer Vitrine, in der man Fotos und Tagebuchaufzeichnungen von Ihnen ausstellt, habe ich gelesen, daß Sie sich nie an Stahlfedern gewöhnt haben, daß Sie mit dem Gänsekiel schrieben. Ihre Notizen sind kaum zu entziffern; das hat mich sehr erleichtert. Sind Sie mit Tintenfaß und einer Dose voll Streusand gereist?

An einem Haus in der Hauptstraße von Neuruppin hängt eine Bronzetafel und verweist darauf, daß Sie dort geboren wurden. Gleich daneben Ihre Löwen-Apotheke, jetzt Kreis-Depot-Apotheke genannt, mit einem Sonderfenster zur Verhütung und Bekämpfung von Kopflausbefall. Das Café war trotz der Nachbarschaft zur Apotheke krankheitshalber geschlossen.

Dann Fehrbellin. Ihr Fehrbellin! Wir waren in dem kleinen roten Saab der schwedischen Freunde unterwegs; dieser Freund ist Politiker, Kommunalpolitik. Wir standen am Siegesdenkmal. Er sah sich um, sah Felder, auf denen die Saat üppig stand, er benutzte das Wort ›bördig‹ für die Erde, bördig steht auch im Schwedischen für fruchtbar. Es war Ende Mai. Er bedauerte, daß die Schweden nicht gesiegt hatten. Ich habe ihm erklärt, daß die Deutschen im 19. Jahrhundert nicht viele Siege errungen hätten, und schon gar nicht im 20. Jahrhundert. Wir können auf den Sieg bei Fehrbellin nicht verzichten! Der Aussichtsturm war wegen Bauarbeiten geschlossen. Aber warum arbeitete keiner an einem Wochentag? In Ihren berühmten ›Wanderungen‹ ist nicht von Politik die Rede, das Wort ›Staat‹ fällt nie; uns hat man mit vielen Transparenten daran erinnert, daß wir in einem Arbeiter- und Bauernstaat unterwegs waren. Einen Bauern haben wir allerdings nicht gesehen, nur Landarbeiter, deren Produktionsstätte unter freiem Himmel liegt. Keine Dorfromantik, außer ein paar Hühnern; einmal ein bewohntes Storchennest.

Ein Diakonissen-Mutterhaus auf der Halbinsel Hermannswerder bei Potsdam hat uns aufgenommen. Sie haben Hermannswerder nicht gekannt? Wir sind mit dem Ruderboot um die Halbinsel gefahren, wir haben russische Soldaten gesehen, die dort angelten. Dann wollten wir um den Schwilowsee wandern, aber es setzte Landregen ein. Wir wollten in einer HO-Gaststätte Schutz suchen, doch sie hatte dienstags und mittwochs geschlossen, das stand am Eingang zur Straße hin; an der Rückseite stand, daß sie donnerstags und freitags geschlossen hätte. Der Ort hieß übrigens Caputh. Sie haben behauptet, Caputh sei das Chicago am Schwilowsee. Wie haben Sie sich Chicago vorgestellt: einstöckig? Mit Kopfsteinpflaster? Sie waren doch weit herumgekommen. In Ferch steht an einem Gebäude noch ›Zur alten Kastanie‹; die Kastanie blühte, aber den Gasthof gibt es nicht mehr. Die Tankstelle war ohne besondere Erklärung geschlossen. Später haben wir weitere Gründe kennengelernt, einen Gasthof oder einen Laden geschlossen zu halten. Wegen Warenannahme. Wegen Trauerfalls.

Westen, das ist ein anderes Wort für Angebot. Osten ein anderes Wort für Nachfrage. Warum muß das so sein? Arm und unfrei. Reich und frei. Das beklemmende Gefühl des Wegnehmens und Wegessens haben wir bekämpft, wir haben gelächelt und oft mit Worten gezahlt. Was unbezahlbar ist, kann man nicht bezahlen, auch nicht mit Westmark. Man war freundlich zu uns; die alten Diakonissen haben uns verwöhnt. Die Parole im Karl-Marx-Jahr hieß: ›Beteiligung und Produktionssteigerung‹.

Natürlich waren wir in Rheinsberg! Im Schloß befindet sich jetzt ein Diabetiker-Sanatorium; auf dem See waren viele Tretboote unterwegs. Wir gingen im Park spazieren und sprachen vom jungen Alten Fritz. Eine große Herkunft und barocker Überfluß bedingen keine glückliche Jugend. Die Gruppen der FdJ waren laut; ob sie fröhlich waren, weiß ich nicht, aber sie haben doch Teil am Erbe des Absolutismus. FdJ, das heißt: Freie deutsche Jugend. Ich kann Ihnen nicht erklären, warum.

Zwischen Rheinsberg und dem Stechliner See liegt ein Atomkraftwerk, nicht auffällig, aber auch nicht versteckt. Den Hinweisschildern auf die Konzentrationslager Oranienburg und Sachsenhausen sind wir nicht gefolgt, diesmal nicht. Wir sind sehr belastet, lieber Theodor Fontane.

Am Stechliner See stehen jetzt viele Erholungsheime. Aber wenn man ein paar hundert Meter weitergeht, ist man allein, kann ein Stück in den See hinauswaten, der kalt und klar war, aber wärmer als die anderen Seen, an denen kein Atomkraftwerk liegt. Das Laub der hohen Buchen war noch maigrün, aber die Schatten, die auf dem Wasser lagen, waren dunkel. Sind das noch Ihre Buchen? Älter als 100 Jahre sind sie nicht; von Bäumen verstehe ich etwas, ich habe das vom alten Quindt gelernt.

Wir sind auch im Hohen Fläming gewandert. Ich wußte bis dahin nichts von den Flamen, die dorthin aus Glaubensgründen geflohen waren, unsere Kenntnisse vom anderen Teil Deutschlands sind gering. Ein kleines, aber doch beachtliches Gebirge, mehr als 200 Meter hoch, und das ist in der Mark schon viel. Riesenfindlinge lagen herum, Reste vom Eiszeitgeröll. In der Rabenburg ist jetzt eine Jugendherberge untergebracht, der Herbergsvater führte uns zwei Maikäfer vor, wir hatten lange keinen Maikäfer mehr gesehen. Im Burghof blühte ein alter Herz-wag's-auch-du-Apfelbaum. Sie werden viel zitiert, lieber Herr Fontane! Im Rittersaal sieht man noch die Einbauten von den letzten Dreharbeiten für einen historischen Film. Der Herbergsvater sprach übrigens mit Anteilnahme von den armen Raubrittern, die hier gelebt haben und auf Raub angewiesen waren.

Die Wälder sterben! Im Westen hört man davon viel, im Osten sieht man davon mehr. Die Kiefern sahen kränklich aus, die Stämme leuchteten nicht mehr rot im Abendlicht, die Nadeln waren nicht elastisch. Aber die Laubwälder! Und die Seen, in denen sich die weißen Wolken spiegelten! Manchmal waren es keine Wolken, sondern Schwäne, unterwegs zu ihren Schwanennestern. Die flachen bewaldeten Seeufer! Die Sandwege! Die Alleen, die ein Dorf ans andere hängen, blühende Apfelbäume rechts und links, oft Ahorn. Und dann die festlichen, blühenden Kastanien! Der Boden ist mager, da beglückt der blühende Fliederstrauch im Garten, der Goldlack, das Tränende Herz. Die Schönheit ist da, man muß nur ein Auge dafür haben oder es wenigstens nicht absichtsvoll verschließen. Der echte Realismus wird immer auch schönheitsvoll sein, denn das Schöne, Gott sei Dank, gehört dem Leben gerade so gut an wie das Häßliche. Vielleicht ist es noch nicht einmal erwiesen, daß das Häßliche präponderiert. Diese Feststellung stammt von Ihnen, lieber Fontane. Ich nehme Sie ein weiteres Mal als Gewährsmann. Ich selbst brauche viel Tapferkeit, um einen Satz wie: ›Was schön ist, werde ich schön nennen‹ zu schreiben.

Sie behaupten, die Havel sei die schönere Schwester der Spree. Aber dieser eine Tag im Spreewald, der war unvergleichlich, obwohl es ein dunstiger Tag war oder vielleicht, weil es dunstig war. Die Fahrt durch die Wasserarme der Spree beginnt noch immer in Lübbenau, dort liegen jetzt viele Kähne, aber es war Dienstag, und »dienstags ist immer wenig los, wa?« sagte der Kahnführer, der den schwarzen flachen Kahn im Stehen durchs dunkle Wasser stakte. Er war kein Wende und kein Sorbe, sondern ein Berliner, er hängte an jede Erklärung ein »wa«. »Saure Gurken, wa?« Und: »Kürbis, wa?« Und dann wieder Stille bis zum »Meerrettich, wa?« Und Zwiebeln und was sonst noch so in der schwarzen moorigen Erde wächst.

Wir fahren durch Wasserstraßen und blicken in Wassergäßchen, über denen die Schwarzerlen ihre Zweige ineinanderflechten. Ein Kahn, in dem eine Kuh steht, gleitet vorüber. »Sie muß zum Stier, wa?« Und ein Kahn mit Grünfutter und ein Kahn mit Mist. Die Enteignung der Höfe im Spreewald wurde rückgängig gemacht; diese Landstücke im Netz der Wasserwege sind kollektiv nicht zu bewirtschaften. Wir sehen Angler und wir sehen hölzerne Fischreusen neben den Bootsstegen, sie scheinen voller Brachsen und Zander und Aale zu sein, wenn wir unserem Kahnführer glauben wollen. Während der dreistündigen Fahrt wachsen die

Fische, werden armlang und armdick. »So 'ne Hechte, wa?« Und wir fragen nicht, unter welchen Tischen die Fische verschwinden, die man auf den Tischen nicht sieht. In einer HO-Gaststätte konnten wir uns eine Tasse Kaffee und ein Stück Käsekuchen an unseren Tisch holen, bedient wird man nicht. Keine Gastlichkeit mehr für ein paar privilegierte Reisende, lieber Herr Fontane, die Zeiten sind vorüber. Die Fahrt ging dann in die Wiesen und Felder hinein, das Gras wuchs hoch und würde bald gemäht werden. Dicht am Ufer standen Rundbauten aus Heu, haushoch, ein Mast in der Mitte; sie erinnerten uns an die Trullis in Apulien, die Bories in der Provence. Im Sommer werden diese Heuhäuser errichtet, im Winter Stück für Stück aufgefressen. In den Gärten blühte der Rhododendron. Bauernhäuser und Scheunen und Ställe und spielende Kinder. Am Giebel der Wohnhäuser zwei gekreuzte Balken, mit Schlangenköpfen verziert, die vor Blitz und Hagel und Feuer schützen.

Der Kuckuck ruft! Einen Sprosser hatten wir schon gehört. Der Kahnfahrer läßt nun auch noch Hasen und Rehe und Wildschweine aufziehen. Als er den Tierpark beisammen hat, schweigt er. Es dämmert und wird kühl, in den Häusern gehen Lichter an, und dann singt auch noch eine Nachtigall. Da sagt er nichts, sondern zeigt nur ins Unterholz.

Zwei Mark pro Person, mehr darf er nicht nehmen. Dafür, daß wir das Dreifache geben, kann er nichts. Und Ostmark muß es nicht sein. Als wir dann wieder im Auto saßen, beschlossen wir, eine weitere Währung einzuführen, nicht nur Ostmark und Westmark, sondern: Mark Brandenburg.

Wir sind durch Thüringen zurückgefahren. Die Hinweisschilder auf Weimar haben uns verführt. In Goethes Gartenhaus im lieblichen Tal der Ilm bin ich Ihnen für eine glückliche Stunde untreu geworden, lieber und verehrter Herr Fontane. Am Grenzübergang zwischen Thüringen und Hessen, der DDR und der BRD, wie wir heute sagen, hat es einige Schwierigkeiten gegeben wegen der paar Bücher im Gepäck. Da habe ich nun bei Ihnen gelesen: ›Zwei Dinge kann ich meiner ganzen Natur nach nicht aushalten: Ärger und Confusion. Ich bin auf ein stilles Licht gestellt, auf Ruhe und Klarheit.‹ Ach, lieber Th. F., sollten wir am Ende doch verwandt sein? Ich habe Ihnen viel zu danken, auch diese Tage in der Mark Brandenburg.

Wie immer Ihre c. b.

DATIERTE TRÄUME: 17. NOVEMBER, POSITANO

Ein friedlicheres Erntebild habe ich nie gesehen als das der Olivenernte am steilen Berghang überm Golf von Salerno. Diese windstillen Tage Mitte November, das Meer lag ruhig, der Himmel wurde nicht mehr blau, aber die Sonne schien, und das Wasser war noch sommerwarm, mittags konnten wir schwimmen, und am Nachmittag stiegen wir den Berg hinauf. An den unteren Berghängen, wo die berühmten Touristenorte liegen, geht die Sonne früh weg. Hieß das Dorf Noce, an das ich mich erinnere? Aber an Nußbäume erinnere ich mich nicht, nur an den Hang mit den alten kräftigen Ölbäumen. Auf dem schütteren Gras unter den Bäumen waren große Leintücher ausgelegt, ein wenig entfernt saß die Nonna, neben sich die kleineren Kinder und den Hund, der bei unserem Nahen kurz aufbellte und sich dann wieder in der Sonne ausstreckte. Die Männer waren bei der Ernte. Mit einem Bein standen sie auf der Leiter, mit dem anderen umklammerten sie einen Ast, sie hatten die Hände frei, pflückten rasch mit beiden Händen, warfen die Früchte in den Lederkorb, den sie sich mit einem Strick um die Taille gebunden hatten. Sie melkten den Baum, keine Maschine hätte es rascher und behutsamer vermocht. Neben dem Pfad standen die Körbe mit den handgepflückten blauschwarzen, ölglänzenden Oliven, aber auch die Säcke mit jenen Früchten, die man mit Stöcken abgeschlagen und von den Laken aufgesammelt hatte, das besorgten die größeren Kinder. Ein stilles, ein arkadisches Bild. Jede Ernte ist festlich, als Kind habe ich es erlebt: Kornernte, Kartoffelernte.

Eine Weile sahen wir den Arbeitern im Ölberg zu, hörten die Anweisungen der Nonna, gingen dann weiter, noch immer im Sonnenlicht, blickten hinunter zu den Inseln der Sirenen, ›il galli‹, sagen die Einheimischen, die Felsen recken sich aus dem Meer, wie junge Hähne die Hälse recken. Die Bucht von Positano lag schon im Schatten. Später beim Abstieg sahen wir dann die Frauen. Die Männer hatten ihnen die Säcke mit den Oliven auf die Schultern geladen, sie stiegen den Berg hinunter, der an den steilsten Stellen stufig wird. Sie gingen zu der Ölmühle, die weiter unten liegt und zu der eine Straße führt. Die Bergdörfer waren noch nicht durch Fahrstraßen mit der Welt verbunden, aber die Männer hatten sich bereits Motorräder angeschafft, die dort, wo die Straße endet, in einem Schuppen standen. Ihre Esel hatten sie dafür verkaufen müssen, die Frauen ersetzten ihnen die Lasttiere, es ist ihnen angeboren, Lasten zu tragen. Sie gingen mit weichen, wiegenden Schritten, hielten sich aufrecht, die Hand stützend in der Hüfte, anders als Männer, wenn sie Kohlesäcke tragen. Die Frauen krümmen den Rücken nicht, tragen mit dem ganzen Körper, man sieht es sonst nur noch in Kulturfilmen.

Abends im Restaurant, wo man uns das Essen erst spät auftischte, brachte der Wirt vorab Weißbrot zum Wein und ein Schälchen Knoblauchöl: »Olio vergine«, sagte er. Wir sahen ihn fragend an, er wiederholte »vergine« – die Jungfrau. Wir lachten, kaltgeschlagen, sagten wir. Das Öl war gelb wie heller Bernstein, es schmeckte gut. »Olio d'oliva«, sagte der Wirt und ließ uns an der Flasche riechen. Ölflasche und Weinflasche waren von der gleichen Art, ein Etikett war für beide nicht nötig, beides stammte aus der eigenen Ernte. »Olio vergine, extra vergine«, sagte der Wirt, als ihm unsere Bewunderung nicht ausreichte.

Tagsüber sammelten wir Maronen, die Wirtin der kleinen Pension, in der wir wohnten, röstete sie in der Pfanne, wir verbrannten uns die Hände an ihnen, verbrannten uns den Mund, löschten mit Wein, tranken zuviel, im November sind die Abende zu lang, es gab Streit, an jedem Abend gab es Streit. Morgens brachen wir Zweige vom Ölbaum, der neben dem Haus stand, nahmen sie zwischen die Zähne, näherten uns einander, um Frieden bittend. Wir waren zu dritt unterwegs. Warum waren wir so gereizt?

»In Italien nennt man die stillen Tage Mitte November Martinstage!«

»Es sind arkadische Tage, im Sinne des Wortes ›Gefilde friedlichen Glücks‹.«

»Alkyonische Tage!«

Aussage gegen Aussage. Man kann sich auch über mythologische Begriffe für ›glückliche Ruhe‹ streiten.

Wir benutzten einen Sprachführer mit Fertigsätzen, lernten unterwegs im Auto ganze Passagen auswendig, waren heiter, tags waren wir friedlich und heiter. ›Abbiamo dormito in modeste locande‹ – das kann ich noch immer auswendig, ›wir haben in einfachen ländlichen Gasthöfen geschlafen‹. Der Satz ging dann weiter, daß wir in unbewohnten Hütten, leeren Stallungen und verlassenen Heu-

böden geschlafen hätten. Wenn wir am späten Nachmittag von einem geschlossenen Hotel zum nächsten fuhren, zitierten wir den Satz, fanden aber an jedem Abend die ›modesta locanda‹ aus dem Sprachführer.

Die Rosen blühten noch. Es gab dann aber Sturm von solcher Heftigkeit, daß er die Rosen köpfte. Ich las die Blüten auf, legte sie ins Regenwasser, das sich auf einer Mauer gesammelt hatte. Die blütenlosen Stengel ragten wie Zeigefinger in die Luft. Damit muß man rechnen, auch an arkadischen, alkyonischen Martinstagen, daß Sturm kommt. Rosen sind das Besondere, nicht das Selbstverständliche. Die Sträucher hatten noch Knospen, mitten im November noch Verheißungen. Die Natur hat ein natürliches Bedürfnis nach Schönheit, sie stellt immer aufs neue Schönes her, das dann verwelkt, erfriert, untergeht, geköpft wird. Nichts, was ein Mensch herstellt, erneuert sich, es nutzt sich nur ab, wird weggeworfen, ersetzt. ›Attenti!‹ Immer wieder Straßenschilder, auf denen ›Attenti‹ stand, man wurde vor Steinschlag gewarnt; wie man sich schützen sollte, wurde nicht mitgeteilt. »Das ist nur eine Warnung vor den Steinen, die möglicherweise auf der Straße liegen!« – »Das Auto wird Dellen bekommen!« – »Dellen – das ist ein Straßenausdruck, Vulgarismus. Beule ist besser!« – »Beule! Es handelt sich um eine Vertiefung und nicht um eine Erhebung!« – »Es kommt darauf an, von welcher Seite des Blechs man es sieht!« – »Attenti!«

Das war abends, als wir wieder beim Wein saßen und heiße Maronen aßen. Ich sagte, daß mich das rühre: der gefällte Baum, der noch einmal Blätter treibt, der Fisch, der aus der Pfanne springt, der Hahn, der ohne Kopf aus der Küche in den Hühnerhof rennt. »Leben«, sagte ich, »das ist Leben!« Daraufhin haben wir uns weitergestritten.

Von dieser Reise habe ich einen Zettel mitgebracht, auf dem ich einen Traum flüchtig notiert hatte. Ein alter Mann sagte schnell und schwer verständlich einem jungen Mädchen, das schwanger war, Sprüche auf. Im Traum hatte ich mir mit Anstrengung nur den letzten Spruch merken können, wußte ihn auch noch, als ich wach wurde, und schrieb ihn mir auf. ›Nichts, was erfahren werden muß, kann getan werden.‹ Die Dunkelheiten des Satzes nehme ich hin, ohne Versuch, ihn aufzuhellen. Zuspruch bei Nacht. ›17. November‹ steht auf dem Zettel, datierte Träume mit Ortsangabe, ›Positano‹. Über diese unfriedliche Reise hatte ich bisher nichts geschrieben.

44

Jahre sind seither vergangen. Vielleicht haben die Frauen aus dem Dorf Noce sich von den Lasten, die man ihnen bei der Olivenernte aufbürdet, befreit? Oder sitzen sie inzwischen als Nonna unterm Baum, bewachen die Kinder und Hunde und geben Anordnungen? Oder erntet man die alten Ölbäume nicht mehr ab, sind sie unrentabel geworden?

UNTERWEGS AM ZIEL

Warum nicht eine Distel, am Mittelmeer, geschützt durch Dornen, weit und silbern der Sonne zugewandt? Doch es mißfiele mir, nicht über jenen Stein hinwegblicken zu können, auch wäre ich zu fest verwurzelt, wenn die Wellen kämen. Und mittags würfe jemand seinen Bademantel über mich –

besser eine Eidechse, zierlich und jung, mit einem Streifen von Smaragd, auf einer warmen Mauer in der Provence, nicht allzu weit von Aix, damit der Duft des Meeres sich mit Lavendel mischt und hin und wieder jemand vorübergeht und sieht, wie schnell mein silbriger Schwanz die Steine fegt. Träge blinzelnd ruhe ich mich aus von seinem Blick. Wenn aber der Mistral mich überfällt, fühle ich mich wehrlos trotz meiner Behendigkeit und wünschte –

ein Wasserfall zu sein, im Osten eines Tales, damit die Sonne mich am Abend träfe. Zur Rechten Wein in vollen, dunklen Trauben, zur Linken Walnußbäume und Kastanien, zu meinen Füßen der Ticino, in den ich sprühend meinen Überschwang hinunterwerfe, jubelnd und unbekümmert, was aus mir wird, weil ich doch bleibe auf meinem Felsen im Tessin: unterwegs am Ziel. Und Kinder kommen, halten die Füße ins Wasser, Mütter holen sie zurück, erschreckt von meinem Ungestüm. Und manchmal einer, der durch meinen Regenbogen in den Himmel blickt, die Hände kühlt und weiterzieht nach Süden.

Am Abend dann ein Stern, der letzte links am Großen Wagen –

Du gibst deinen Bildern selten einen Titel, ich muß dich fragen: Wie nennst du dieses Bild?

Waldbrand, Weltuntergang, sagst du, und, nach einer Pause: Auferstehung! Die Gräber tun sich auf!

Damit gebe ich mich nicht zufrieden. Was ist das für ein Baum? Wo liegt dieser Friedhof? Da sind doch Berge, am Fuß der Berge muß doch ein See liegen, oder fließt dort ein Fluß?

So wird es wohl sein, sagst du und bleibst im allgemeinen, meinst Berge, Bäume, Feuer, Himmel, Gräber.

Du denkst anders als ich, großräumiger, du verallgemeinerst, du abstrahierst, beim Schreiben, beim Malen, aber nur so weit, daß man einen Baum noch als Baum erkennen kann.

Ich habe lange Jahre an einem Kunstinstitut gearbeitet und dort gelernt, ein Bild zu beschreiben, ich habe an Katalogen mitgearbeitet und Bilder für Ausstellungen gehängt; ich müßte doch in der Lage sein, eines deiner Bilder nach Gesichtspunkten der Kunstkritik zu beschreiben und zu beurteilen. Dieses Bild hat mehrere Wochen in meinem Arbeitszimmer gestanden, ungerahmt, auf Zeit, rasch beiseite zu räumen, damit ich mich nicht daran gewöhne. Das Format 50 × 34 benutzt du oft, eine mittlere, brauchbare Größe. Ohne Angabe der Maße hielte man es auf einer Abbildung für größer; es ist ein kräftiges Bild, es hält sich nicht an den Bildrand, es greift darüber hinaus. Querformat. Eine Zeitlang hast du das Querformat bevorzugt. Keines deiner Bilder ist quadratisch, auf keinem wird die Horizontale oder die Vertikale überbetont, du versuchst nicht, durch das Format des Bildes einen Effekt zu erzielen. Die Farben Rot und Schwarz dominieren hier, ein rauchiges Rot und ein flammendes Rot, dazu ein Tintenblau, das zum Horizont hin heller wird, dort, wo man ein Bergmassiv hinter Flammen und Rauch vermuten kann. Im Mittelpunkt, ein wenig aus der Mittelachse nach rechts gerückt, steht der alte, aber noch kräftige Baum, unbelaubt, demnach ist es Frühling, die Zeit der Waldbrände. Vermutlich wird der Baum, wenn der Brand erloschen ist, als Baumruine stehen bleiben, ein Menetekel. Wahrscheinlicher ist, daß er in einem übernächsten Frühling wieder ausschlagen wird. Der Wachstumstrieb ist stark.

Auch dieses Mal verrätst du mir die Maltechnik nicht genau. Aber ich erkenne, daß du Lackfarben verwendet hast, vornehmlich Schwarz. Die Zweige des Baumes verästeln sich und setzen Schriftzeichen vor den feuerroten und nachtblauen Himmel; die Zeichen bleiben unleserlich. Der Baum steht auf einem Friedhof, und der Friedhof liegt an einem steil abfallenden Berghang. Wo der Boden anderweitig nicht zu nutzen ist, dort liegen gewöhnlich die Friedhöfe, oberhalb der Weinberge, oberhalb der Kornäcker. Sobald es dämmrig wird, beginnen die Kreuze auf den Gräbern zu tanzen; ich habe das an mehreren Abenden beobachtet.

Es ist keines deiner stillen Bilder, es hat Dynamik. Trotz des Feuers fürchte ich mich nicht davor. Ich habe so viele Brände erlebt. Ich habe mich daran gewöhnt. Als Kind habe ich gesehen, wenn im Dorf, vom Blitz getroffen, eine Scheune oder ein Wohnhaus brannte und man den Brand mit einer Eimerkette, die zum Bach führte, zu löschen versuchte, alle Mann, auch die Frauen und Kinder. Die Feuerglocke läutete. Im Krieg habe ich brennende Städte gesehen. Phosphorbomben haben mein Elternhaus in Brand gesetzt und vernichtet, ich habe zugesehen, wie alles verbrannte, was ich besaß, es dauerte Stunden: Bücher, Bilder, Kleider, das Haus, das ich zur Hälfte hätte erben sollen, und auch jener Aufsatz, den ich gerade beendet hatte, über ›Goethe und die Frau von Stein‹, die Jahresarbeit für den Deutschunterricht. Ich besuchte die Oberprima eines Gymnasiums.

Und dann jener Frühlingstag! Wir zwei saßen in Ronco, oberhalb des Lago Maggiore. Wir waren zum ersten Mal zusammen ins Tessin gereist, ich wollte dir die Plätze zeigen, die ich liebte, Wege, die ich oft gegangen war, und auch jenes Haus am Ostufer des Sees, in San Abbondio, wo ich in einer Regenwoche die ›Kleinen Spiele für große Leute‹ erst gespielt und dann beschrieben hatte.

Wir wohnten in der ›Vignetta‹, dem Haus der Freunde, denen ich das Buch vom ›Frühling im Tessin‹ gewidmet habe. Wieder war Frühling, aber der Wind noch kalt und die Berge noch verschneit. Der Himmel hatte das harte Blau, von

49

dem er dem See abgab. Die Mimosen waren bereits verblüht, aber die Kamelienbäume blühten noch, und auch der Lorbeer blühte, und wir hatten einen Zweig auf den steinernen Tisch gelegt, an dem wir essen wollten. Wir lasen die handgeschriebene Speisekarte, das Lokal hieß ›Posta‹, zur Post. Wir hatten es ausgesucht, weil der Garten von Mauern umgeben war, die ihn vorm Wind schützten und die Mittagssonne speicherten. Die Kirchturmuhr hatte schon geschlagen, in den Häusern, die unter uns am Hang lagen, wurde gekocht, ich atmete den Geruch der Herdfeuer ein, es mußte Kastanienholz sein, ich kannte den Geruch von früher, wenn wir das Kaminfeuer in der Vignetta angezündet hatten und Maronen rösteten. Ich machte dich darauf aufmerksam. Riechst du es auch?

Und dann läutete die Glocke, demnach war erst jetzt Mittag, eine andere Glocke fiel ein, antwortete aus Ascona oder von Italien her, die Grenze ist ja nahe, und dann hörten wir auch die Glocken vom gegenüberliegenden Ufer, dort mußte San Abbondio liegen. Ich war glücklich! Die Stunde war festlich. Am Nachmittag würden wir mit einem der weißen Schiffe nach San Abbondio fahren, quer über den See. Ich lehnte mich behaglich zurück, mit dem Rücken an die sonnenwarme Mauer. Meine Freude über den Frühling wirkte ansteckend. Der erste gemeinsame Frühling im Tessin! Dann kam die Kellnerin mit Block und Bleistift, und ich wollte schon mit den wenigen italienischen Wörtern, die ich kannte, den Frühlingstag und die Aussicht, das Glockengeläut und den Geruch loben, aber sie ließ mich nicht ausreden. Der Wald brennt! sagte sie. Daher also der Geruch von Holzkohlenfeuer, darum die Glocken. Die Kellnerin blieb ungerührt, nahm unsere Bestellung auf. Es brennt hier in jedem Frühling, wenn der Wald ausgedörrt ist, es brennt auch oft im August, wenn es die schweren Gewitter gibt, die von einer Bergwand gegen die andere hin und her geworfen werden; es kann Tage und Nächte dauern, ich habe es erlebt, ich war oft im Tessin, es war mein Zufluchtsort.

Wir bekamen die Suppe, tranken Wein. Ich erzählte von den Gewittern, vom Hochwasser, wenn am Seeufer nur noch die roten Rückenlehnen der Bänke zu sehen waren. Wir sprachen über Waldbrände. Es ist mit dem Feuer wie mit dem Wasser, sagst du: Im kleinen – als Trinkwasser beziehungsweise als Kerzenflamme oder Herdfeuer – ist es nützlich, im großen – als Sturmflut und Waldbrand – schädlich, ja verhängnisvoll. Noch immer läuteten die Glocken, der Geruch

wurde beißender. Ein Einheimischer, der am Nebentisch saß, erklärte uns, was man tut, um das Feuer zu bekämpfen; er zeichnete auf eine Papierserviette den Berghang und die Schlucht, die ihn teilt, ein Kastaniengehölz, er zeichnete die Windrichtung ein und jene Stelle, an der man ein Gegenfeuer entzünden wird, um den Brand zu ersticken, indem man ihm den Sauerstoff entzieht. Ein zweites Feuer, das man unter Kontrolle hält, mit dem man das unkontrollierte Feuer bekämpft. Feuer mit Feuer!

Die Sonne hatte sich verdunkelt, der Wind verstärkt, wir begannen zu frieren, aßen die Suppe nicht zu Ende, zahlten. Der schöne Panoramaweg, den wir gehen wollten, war wegen des Waldbrandes gesperrt, wir fuhren mit dem Schiff zurück nach Locarno.

Wir haben schon anderswo – auf der Insel Hvar – diese schwarzverkohlten Baumgerippe gesehen, die nach Waldbränden übrigbleiben. Aber wenn wir nach zwei Jahren wiederkamen, war der Wald begrünt, der Trieb zu wachsen scheint sich nach Bränden zu verstärken, Holzasche düngt, ich habe als Kind den Aschenkasten auf den Rosenbeeten geleert.

Dein Weltuntergang! Und deine Auferstehung! Du sagst: Trotz der Gräber glaubt der Mensch an die Unsterblichkeit. Seit Jahrtausenden. Es ist wie ein Trieb, der durch die ganze Natur geht; er kann, wie der Trieb des Fisches zum Schwimmen aus dem Vorhandensein von Wasser, nur aus dem Vorhandensein von Unsterblichkeit kommen. Du hast einmal Philosophie studiert; wenn du malst, bist du anschaulicher, dann läßt du die Kreuze auf den Gräbern tanzen.

Ich kann mir nichts anderes vorstellen, als daß es weitergehen wird mit Wachsen und Vergehen.

HELLE BIRKEN

Wo hast du diese Birken gesehen? Sie sind anders als die Birken, die auf früheren Bildern auftauchen, und auch anders als jene in deinem Kriegstagebuch aus Rußland. Hast du sie mitgebracht von der Fahrt über die Lahnberge, als wir mit unserer Freundin Heide unterwegs waren? Durch die geöffneten Wagenfenster drangen Lerchenlieder, und die Birken liefen neben uns her am Straßenrand. An solchen Tagen summe ich Löns-Lieder und lasse mich auslachen, weil ich den Liederschatz der Maximiliane von Quindt geerbt habe. Ich verteidigte Löns, und er verteidigte mich: Es sind nur sachliche Angaben, ›alle Birken grünen in Moor und Heid‹! An jenem Tag leuchtete der Brambusch wie Gold, und ihr wußtet nicht einmal, daß der Brambusch der Ginsterstrauch ist. Die Heidlerchen jubelten. Vor Seligkeit? Aber warum denn sonst? So hoch in den Lüften findet kein Vogel Nahrung, warum nicht Seligkeit an einem Sommermittag?

In meinem Heimatdorf schlugen die jungen Burschen am Pfingstsamstag junge Birken, berichtete ich. Neben jeder Haustür, zu beiden Seiten, junge Birken, mannshoch. Wie lange braucht eine Birke, um mannshoch zu werden? fragtest du. Heide, die Försterstochter, wußte Bescheid. Die Birken seien nichts anderes als das Unkraut der Wälder, eben noch handhoch, ein Bodenbedecker, wo sonst nur Heidekraut wächst und Steine liegen, dann kniehoch, und schon steht der fertige Baum da, die weiße Rinde dünn wie Haut, die überall reißt, alles ist zart und hell. Hell und zart, das habe ich bestätigt, aber ich habe ergänzt: Die Birken erobern zu Pfingsten ganze Dörfer!

Während der Weiterfahrt haben wir uns an das Haus im Rheinland erinnert, wo man den Gästen einen Korb reichte, der voller Blätter lag, Eichenblätter, Linden- und Birkenblätter, Ahorn-, Kastanien-, sogar Ginkgoblätter, jedes Blatt anders, aus einfarbigem Filz, aus Wolle, aus Seide, aus buntem Voile. Man mußte sich ein Blatt aussuchen, seinen Namen darauf schreiben und das Datum des Tages. Im Treppenhaus hing ein Wandteppich mit einem Baum, an dessen Zweigen

lauter bunte Blätter mit Nadeln befestigt waren, ein Gästebaum. Du hattest dir ein blaues Birkenblatt ausgesucht und hast es an die äußerste Spitze eines Astes geheftet. Ich nahm ein Ginkgoblatt und befestigte es nicht an einem Ast, sondern am Himmel, ein Stück entfernt vom Baum, damit es davonfliegen könnte. Aber irgendwann fällt es zur Erde, sagte Heide, ein wenig schwermütig, wie uns schien. Sie stamme aus Pommern, behauptet sie.

Als wir wieder zu Hause waren, sagtest du: Sie hat etwas von einer Birke! Wir haben nachgelesen, was über Birken im Botanikbuch stand: kätzchenblütig, einhäusig, anspruchslos, winterhart, lichthungrig. Wir lachten darüber.

Heide M. Sauer. Von ihrer Mutter ungeboren und wohlverwahrt im Frühjahr 45 aus Pommern in den Westen getragen und dort im Juli geboren; eine hat die andere beschützt. Sie hat Bilder aus Poenichen gemalt, als ob sie tatsächlich Erinnerungen an Pommern hätte, die Poenicher Heide, den Poenicher See; sie hat sichtbar gemacht, was ich beschrieben hatte. Sie ist eine ausgebildete Malerin, sobald ihr zusammentrefft, redet ihr über Maltechniken.

Eines Tages stand sie, unangemeldet, vor unserer Tür. Sie hatte ein Bild unterm Arm, ging, ohne zu zögern, in mein Arbeitszimmer, sah sich jenes Bild an, das über meinem schwarzen Sofa hing, seit Jahren, an das ich gewöhnt war; sie hat es abgenommen und hat ihr Bild an die Stelle gehängt, hat es prüfend aus schmalen Augen betrachtet und uns erst unsicher, dann triumphierend angesehen. Ihr Bild hängt noch heute dort.

Sie ist eine Birke, du hast recht. Sie wird sich eines Tages die Museen erobern, wird entbehrliche Bilder abnehmen und ihre eigenen Bilder an deren Stelle hängen. Wenn man sie nur malen ließe, wenn sie sich nicht vorgenommen hätte, vier fröhliche Kinder aufzuziehen und die Frau ihres Mannes zu sein. Noch ist sie handhoch, aber eines Tages wird sie als Malerin dastehen: kätzchenblütig, einhäusig, lichthungrig, winterhart, aber nicht anspruchslos.

Hast du an sie gedacht, als du diese hellen Birken maltest?

DIE AUSSICHT IST FAST ZU SCHÖN

Dreimal habe ich Sie in Meersburg besucht, liebe Annette! In Meersburg waren Sie mir immer näher als im Westfälischen. Das erste Mal im Jahr 1946, Pfingsten 1946! Ich studierte in Stuttgart, ich wollte Bibliothekarin werden; fünf Jahre Kriegseinsatz lagen hinter mir. Mit einer Freundin trampte ich an den Bodensee, auf Schleichwegen überquerten wir die Grenze zwischen der amerikanisch besetzten und der französisch besetzten Zone. In der ersten Nacht fanden wir Unterschlupf im Kloster Birnau, die Mönche ließen uns im Stroh der Scheune nächtigen, ein Kettenhund bewachte uns; aber in den nächsten beiden Nächten schliefen wir in der Meersburg. Wir hatten ein paar Empfehlungen in der Tasche, sonst nichts, kein Geld und keine Lebensmittelkarte. Unser Erlebnishunger war größer als der leibliche Hunger. Wir wollten sehen und wollten hören, die Welt stand uns noch nicht offen, aber sie hatte doch Gucklöcher. ›Hier hat die Droste gelebt!‹ In der Meersburg arbeiteten damals Wissenschaftler einer ausgebombten Universität. Wir fuhren über den Bodensee! Wir waren sogar in Konstanz! Meine Erinnerung liefert mir nur noch Ausrufungszeichen. Die Kirschen waren reif!

Zehn Jahre später fuhren wir bereits in einem kleinen Kabriolett vor. Wir waren zu viert, und ich hatte mit meinem ersten Roman meinen ersten Erfolg gehabt. Die Freunde setzten mich auf einen Sockel ›unter das Denkmal der Droste‹, eine Büste, in Bronze gegossen, wie es wohl Ihrer Art entsprochen hätte. Das Foto, das damals entstand, heißt noch immer ›Dichterinnen untereinander‹. Die Welt stand uns nun weit offen; wir wohnten im Hotel und aßen in Gasthäusern, wir schwammen im See. Das Fürstenhäuschen war wohl noch nicht eröffnet; oder haben wir es nicht aufgesucht, weil wir mit unserem eigenen Leben sehr beschäftigt waren, oder weil die Gegenwart so schön war, daß wir Vergangenes nicht suchten?

Aber dann im Mai 1984, als wir mit unseren Freunden Rose und Ernst um den Bodensee wanderten, unter blühenden alten Apfelbäumen und an pflegeleichten Obstplantagen vorüber, die gerade mit Insektenvertilgungsmitteln gespritzt wurden, damit wir im Herbst kein wurmstichiges Obst essen müßten, da trieben uns die Regenschauer in die schönsten romanischen und barocken Kirchen, und an einem Nachmittag fanden wir Regenschutz bei Ihnen, im Fürstenhäuschen, das jetzt meist ›Droste-Häusle‹ genannt wird. Es war wie an jenem Tag, als ich vor Goethes Gartenhaus an der Ilm stand, die Tür war noch verschlossen, aber ich wußte bereits: Hier möchte ich leben, hier könnte ich schreiben, hier paßt alles. Der Schreibtisch nicht zu groß, aber ein Eßtisch, an dem ich mit Freunden beim Wein sitzen könnte. Und dann der Ausblick über die Rebhügel und über die Dächer von Meersburg hinweg, über den See bis zu der Kette der Alpen. Ich bin sicher, in den Nächten stehen hier zwei Monde am Himmel!

In einem Ihrer Briefe schreiben Sie, daß Sie gern die Beine auf dem Sofa ausstrecken und mit halbgeschlossenen Augen von Ewigkeiten träumen möchten. Kaum hatten Sie die ersten kleinen Erfolge, da haben Sie sich schon dagegen gewehrt. ›Ich mag und will jetzt nicht berühmt werden, aber nach hundert Jahren möchte ich gelesen werden.‹ Ach, meine Liebe! Wer wird nicht seine Droste loben – ich wandle ab, was Lessing über Klopstock gesagt hat –, doch wird sie jeder lesen? In vielen Schulen steht Ihre ›Judenbuche‹ noch auf dem Lehrplan; als ich zur Schule ging, verhinderte das Wort ›Jude‹ die Lektüre, aber ich habe als Kind den ›Knaben im Moor‹ auswendig gelernt, und bei passenden Gelegenheiten habe ich die passenden Zeilen zur Hand. ›Die Ranke häkelt am Strauche‹, sage ich, wenn ich den Knöterich daran hindere, zu wachsen, wo er will und ich es nicht will.

›An des Balkones Gitter lehnte ich/Und wartete, du mildes Licht, auf dich.‹ Habe ich je bei Nacht auf einem fremden Balkon gestanden, ohne diese Zeilen zu zitieren? ›Ein fremdes, aber o! ein mildes Licht.‹

Wenn von Ihnen die Rede ist, heißt es ›die Droste‹. Das ist ein Gütezeichen für Frauen-Literatur geworden. Keiner sagt ›der Goethe‹, ›der Grass‹; manche sagen auch liebevoll ›die Annette‹, dieser Vorname ist durch Sie geadelt; keiner sagt ›der Friedrich‹, man würde ja auch nicht wissen, ob nun Schiller oder Kleist oder Dürrenmatt gemeint wäre; bei Frauen ist es einfacher. Ricarda, da weiß man Bescheid, und Bettina oder auch Rahel, Sarah. Wir sind noch immer in der Minderheit, aber die Schriftstellerinnen holen jetzt doch sehr auf.

Droste-Preis! Droste-Häusle! Droste-Turm! Gesammelte Werke, Sekundärliteratur. Klassenaufsätze, Doktorarbeiten. Der Preis, den Sie für den Ruhm zahlen mußten, war hoch. War er zu hoch? Dieser schwächliche, kränkliche Körper, der Lebensfreude nicht zuließ; immer Beschwerden, nie ein freier Atemzug, die Lunge angegriffen, daher wohl das übersteigerte Liebesverlangen. ›Man arbeitet sich durchs Leben voran, ungefähr wie durch einen Winter, wenns mit dem Sommer ab und alle ist.‹ Ach, liebe, verehrte Kollegin! Das Glück war nicht auf Ihrer Seite, auch in Meersburg nicht. Es sind die Lachse nicht aus dem See gesprungen, und es haben sich Ihnen keine Möwen auf die Schulter gesetzt. Alles war Sehnsucht. Manches Erinnerung. Das meiste Entbehrung. Aber: was haben Sie daraus gemacht! Ist Dichtung geläuterte Entbehrung? Darüber haben wir lange gesprochen, nachdem wir Sie besucht hatten und im ›Bären‹ saßen, Meersburger Wein tranken und Bodenseefelchen aßen.

Die Stadt Meersburg schmückt sich mit ihrer Dichterin. ›Droste-Stadt‹, sagt man, ehrgeizig und überschwenglich; bei Föhn vermutlich.

›Gestorben in Meersburg, ledig, 52 Jahre alt‹, so steht es im Register. Ich hätte Ihnen ein größeres Maß an Gesundheit, an Freiheit, an Lebensglück gewünscht. ›An des Balkones Gitter –‹, immer nur warten, auf den Mond, auf den viel zu jungen Mann, den Sie liebten. Ach, und Ihr Mond! Am 20. Juli 1969 hat ein Mensch seinen Fuß auf den fremden Planeten gesetzt. Er wurde weltberühmt! Aber: wie hieß er? Wenn man Ihnen von dieser Mondlandung erzählte, würden Sie die Geschichte für phantastisch und unglaubwürdig erklären. Dem stillen Gefährten der Nacht ist keine Veränderung anzumerken. Was kann ein Menschenfuß einem Planeten anhaben?

Es hat lange gedauert, bis man feststellte, daß Ihr Talent zum Musizieren und zum Zeichnen dem Talent anderer Frauen Ihres Standes entsprach, daß aber Ihr Talent zu dichten von besonderer Art war. Ihre Apanage ermöglichte Ihnen ein Leben als Schwester und Nichte und Tante einer weitverzweigten Familie. Aber das Fürstenhäuschen konnten Sie von Ihren ersten Honorareinkünften kaufen. Ein Lusthäuschen in den Rebhängen, was für ein Triumph! Etwas zum Vererben! Sie haben nicht oft darin gewohnt, trotzdem meint man, Ihren Geist zu spüren. Ihr Haus wird von kunstsinnigen Frauen gehütet, es blühen noch immer Georginen und Levkojen und Rosen im Garten. Die Aussicht ist fast zu schön, haben Sie

einmal geschrieben: in der Nähe belebt, zu schrankenlos, was die Fernsicht betrifft.

Während ich dies schreibe, geht der Blick in das Geviert meines kleinen Gartens, der keine Ausblicke gewährt. Ich leiste dem ebenso kleinen Haus, das mir gehört, Abbitte, daß ich ihm untreu wurde für diese glückliche Stunde, die ich im Droste-Häusle verbracht habe. Die Aussicht war fast zu schön! Sie taten gut daran, mit halbgeschlossenen Augen von der Ewigkeit zu träumen. Die Zeit hat Ihnen recht gegeben. Wir fanden bei unserem letzten Besuch Ihr Denkmal nicht gleich wieder. Sie waren umgezogen. Auch diesmal wurde ein Foto gemacht, ich sitze nicht zu Ihren Füßen, aber es wäre mir recht gewesen. Jetzt bin ich die Ältere. Auch Lessing wurde nur 52. Werden nur die Glücklichen älter?

In liebevoller Verehrung, Ihre Christine.

GRÜNE TAGE AM LECH

Zwei Jahre früher, und wir wären wieder zu viert gewesen, wie in den Vogesen, wie im Schwarzwald, wie im Pfälzer Wald ... Wir haben oft an Dich gedacht, Marlene! Und oft an unseren Freund, der nun nicht mehr lebt. Ich schreibe Dir von unseren grünen Septembertagen am Lech. Der Lech hat einer Schlacht – der Schlacht auf dem Lechfeld – den Namen gegeben, aber auch einem Wanderweg, dem viel gelobten Lechhöhenweg.

Landsberg. Wirst Du da hellhörig? Saß da nicht –? Schrieb da nicht –? Kein Wort über ihn, über seine Festungshaft, kein Wort über ›Mein Kampf‹! Wir hatten Ferien, auch von Büchern und auch von der deutschen Geschichte, die uns nachläuft, vor uns herläuft. Kein Wort! In Landsberg rühmte sich keiner und schämte sich keiner. Am Abend vor der Wanderung – es war noch sommerlich warm – saßen wir im Mondschatten nahe der Kirche. Es waren viele junge Motorradfahrer unterwegs, aber schließlich kamen auch sie zur Ruhe, setzten sich auf den Brunnenrand, zu sagen hatten sie sich nichts. Einer der schönsten Plätze Bayerns! Wir lasen es und bestätigten es. Die Toranlage die schönste und größte und gotischste. Wir schlenderten durch die Gassen. Mit Euch hätten wir sicher noch lange in einem Lokal gesessen, gezecht und die Wanderung geplant.

Wir waren gut vorbereitet, die Schuhe erprobt, die Rucksäcke leicht, Regenzeug, Wollzeug, Wanderkarten. Im späten Sommer sind die Tage nicht zu lang, die Abende nicht zu kurz, wir würden Gasthöfe finden, wir würden Semmelknödel zu frischen Steinpilzen in Rahmsoße essen. Und wir würden im sommerwarmen Fluß baden! Abenteuer waren nicht zu erwarten. Kein Wanderfreund mehr, der uns vom markierten Pfad weglocken würde. Wir brauchten nur dem blauen ›L‹ über den blauen Wellenlinien zu folgen, das uns bis an den Fuß der Alpen führen würde.

›Es ist der Liebe milde Zeit. Im Kahn den blauen Fluß hinunter ...‹ Doch ohk berichtigte mich und berichtigte Trakl: Der Fluß ist grün! ›Wie schön sich Bild an

Bildchen reiht. Das geht in Ruh und Schweigen unter.‹ Zu jeder Landschaft, zu jeder Jahreszeit stellen sich Gedichtzeilen ein, die uns zur raschen Verständigung dienen, Du kennst das. Du zitierst nicht Gedichte, Du singst Herbstlieder, Wanderlieder.

Wir gingen in geübter Schweigsamkeit nebeneinander, oft nur ein Fingerzeig: Ein Bussard! Zwei Bussarde! Und an jedem Tag hat ohk zu mir gesagt: Ich gehe gern mit dir durchs Leben, und auch diese Strecke zwischen Pitzling und Epfach ist ein Stück unseres gemeinsamen Lebenswegs. Und ich habe gesagt: Die Welt ist schön, und der Mensch ist gut! Wenn wir allein sind, bin ich nicht ironisch.

Kaum waren wir die ersten Kilometer am Ufer entlanggegangen, mußten wir die erste Entscheidung treffen. Wollten wir im feuchten Dickicht des Ufers bleiben? Oder sollten wir zur halben Höhe hinaufsteigen? Während wir die Karte studierten und die möglichen Vorzüge des einen und des anderen Weges gegeneinander abwägten, trat eine dunkle Frau an uns heran. Sie sagte ungefragt: »Wenn Sie unten bleiben, dann kommen Sie doch nicht in Teufels Küche!« – »Aha«, sagten wir, folgten der Weisung der Norne und stiegen den Berg hinauf. Wir gingen dann auf halber Höhe weiter, über uns das Grün der hohen Buchen, rechts unterhalb das Grün des Lechs. Es war sehr warm an diesem Tag. Wären wir am Fluß geblieben, hätten wir bei der nächsten Staustufe baden können. Aber wir hatten ja tagelang Zeit! Rücken und Rucksack sollten sich erst aneinander gewöhnen. Wir zogen ein Kleidungsstück nach dem anderen aus. Keiner kam uns entgegen, keiner folgte uns, wir waren allein. Dann plötzlich ein Waldsee, tief unter uns und smaragdgrün! Zum Schutz der Wanderer hatte man ein Holzgeländer angebracht. Aber was könnte mich von einem See trennen? Ich nahm den Rucksack ab und stellte ihn auf den Boden, auf dem altes Buchenlaub lag. Dort unten würden wir uns erfrischen! Doch bevor ich mich auf den steilen Abstieg begeben hatte, machte sich mein Rucksack auf den Weg, rutschte und rollte und überschlug sich, immer rascher den Hang hinab, blieb an einem Stamm hängen, löste sich wieder. Wir standen wie erstarrt am Geländer. Gleich würde er das Wasser erreichen, in Richtung zum Wehr treiben, vor unseren Augen würde mein Rucksack untergehen mit allem, was ich bei mir hatte. Mein Paß! Die Schecks! Die Fahrkarten! Die Jacke! Der Hausschlüssel! Aber da liefen wir schon hinterher, ohk warf seine Kleidungsstücke ab, ach, sie hätten ihn notfalls vor dem eiskalten Wasser geschützt,

63

hätten ihn gewärmt! Derweil trieb der Rucksack im glasklaren See davon, sank tiefer. Aber dann sprang ohk ins Wasser und schwamm ihm nach, bekam auch einen der Riemen zu fassen. Wenig später streckte er mir die Hand entgegen, und ich zog ihn ans Ufer. Er schlotterte vor Kälte, und ich schlotterte vor Entsetzen. Einen Herzschlag lang dachten wir beide, dies hätte das Ende sein können. Das Ende der Lechwanderung. Das Ende vom Lied.

Wir schütteten das Wasser aus dem Rucksack, wrangen die Wollsachen aus und lachten, als wir das Wasser aus dem Geldbeutel gossen: Schwimmen in Geld.

Es dauerte eine Stunde, bis wir den nächsten Gasthof fanden, wo wir dann gegen den Schreck einen Schnaps tranken. Wo kommt ihr denn her? fragte der Wirt, und wir antworteten: Aus Teufels Küche. Ah, daher, sagte er, als wäre es eine übliche Ortsangabe.

Später haben wir uns wie Zigeuner am Flußufer niedergelassen, das nasse Zeug über einen Weidezaun gehängt. Und dann habe ich im Lech gebadet. Das Schild mit der Warnung, daß ich mich in Lebensgefahr begeben hatte, stand weiter unterhalb am Ufer, wir entdeckten es später.

Abends im Gasthof habe ich die Geldscheine und die Schecks voneinander gelöst und zum Trocknen ausgebreitet, der Paß war vom Wasser durchtränkt, mein Name kaum noch zu lesen. Und in jener Nacht gab es ein schweres Gewitter. Der Regen hörte auch am nächsten Morgen nicht auf, und wir gerieten, als wir den Weg abkürzen wollten, unversehens ins Moor. Unsere Streckwege wurden zu Umwegen.

Wir sind nicht ›auf eigene Gefahr‹ über die eingezäunten Weiden gegangen, über die der Wanderweg verläuft und auf denen kräftiges Jungvieh zu Hunderten auf Abenteuer wartete. Kein Rodeo! Wir haben weitere Umwege gemacht.

In den Dorfgärten verregnete der Phlox, alterten die Astern. Die Sommerfrischler waren schon abgereist, es regnete weiter. Ich sagte zum Himmel: Gib uns noch drei südlichere Tage! Wußtest Du, daß Rilke nur ›zwei‹ Tage herbeigewünscht hat in seinem berühmten Herbstgedicht? Die Zahl Drei war ihm wohl zu üblich.

Die namhaften Berge, denen wir entgegenwanderten, verbargen sich hinter Regenwolken, aber trotzdem haben wir auf dem Reichling gestanden, den man den Balkon Oberbayerns nennt; wir haben die Via Claudia überquert, die von

Augsburg nach Verona führte, zur Zeit der Römer. Das ›Wessobrunner Gebet‹ haben wir an Ort und Stelle gelesen und bedacht, vornehmlich die letzte Zeile, die um Glauben, Gnade und guten Willen, um Weisheit und Klugheit bittet, damit man dem Teufel widersteht und das Böse meidet. Und was ist, wenn man in Teufels Küche gerät? Unvermutet? Unverschuldet?

Dann der Weg an der Ammerleite entlang, als wir der Verführung des ›König-Ludwig-Wegs‹ nicht Widerstand geleistet hatten und dem Lech untreu geworden waren. Unten das Wildwasser, und wir auf ungesicherten, regennassen Holzstegen, die über Abgründe führten. Wir waren nicht ungewarnt, das feste Schuhwerk hatten wir an den Füßen, und Wandererfahrungen hatten wir auch, aber: mir wurde es schwindlig. Hätten wir auf bequemen Wegen zur Wieskirche gehen sollen, dorthin, wo alle hingehen? Wie hätten wir dann nach Rottenbuch kommen sollen, zu all den goldenen musizierenden Engeln? Ach – Du wärest dort glücklich gewesen!

Später haben wir dann die Bekanntschaft des jüngsten und größten Sees im Allgäu gemacht, des Forggensees; wir sind am kleineren und verschwiegeneren Bannwaldsee entlanggewandert; wir haben Neuschwanstein besichtigt und wissen nun, wohin es die Leute zieht, zu Tausenden. Ein Luftschloß! Und am Hopfensee, wo Ihr so oft gewesen seid, hat im letzten Augenblick ein kräftiger Föhnwind das Gewölk beiseite geschoben, und wir hatten die ganze Herrlichkeit der Berge vor uns, vom Nebelhorn bis zum Wetterstein. Aber das hatten wir auf einer Ansichtskarte alles bereits gesehen. Fünf Tage hin, zwei Stunden mit der Bahn zurück. Das geht so rasch den Fluß hinunter . . .

Man hat uns gefragt, wo wir gewesen seien, und wir haben gesagt: Beim Teufel und bei den Engeln. Wir haben vom Rodeo berichtet, das nicht stattgefunden hat, und von den Irrwegen im Moor, von den Pilzgerichten und den Allgäuer Federbetten. Wir haben zur Unterhaltung beigetragen, das kennst Du. Was für uns beide wichtig war an diesen grünen Tagen am Lech, das läßt sich nicht ohne weiteres mitteilen. Es war auch eine Gedenkwanderung.

Deine c. b.

DAS SCHOCHENHAUS IM ALLGÄU

Unter den ›Überlebensgeschichten‹, die ich vor Jahren schrieb, fehlt die Geschichte vom Überleben eines Hauses. Es tut mir leid, daß ich nicht über das Schochenhaus geschrieben habe, es steht in einem namhaften Kurort im Allgäu. ›Schochen‹, so nennt man ein Bündel Heu, das man sich auflädt, droben in den Bergen, auf den Almwiesen. Ein alter Hausname, kaum einer kennt ihn noch. Das Kurbad, das sich darin befindet, ist das älteste im Ort, es trägt heute den Namen seiner Besitzerin, ich nenne sie hier Steffi. ›Ich habe unser Haus, für das ich mich schon als kleines Kind zuständig fühlte, immer als Ableger der großen Kirche gesehen‹, schreibt sie, ›es liegt doch in der Pfarrstraße! In Notzeiten war hier immer ein Dach für Flüchtlinge, für alte Leute, im Krieg war es ein Altenheim.‹

Dieses Schochenhaus hat ein großes Dach. Von Kopf bis Fuß wird hier für den kranken und den gesunden Körper gesorgt: Frisur und Pediküre, Sauna und Tauchbecken, Wannenbäder, Massage- und Ruhebänke; ein Stockwerk für die Gästezimmer, die Behandlungsräume eines Heilpraktikers und eine Kneipe für den Abend. Ein altes Haus braucht viel Pflege, ein Badebetrieb muß auf dem neuesten Stand der medizinischen Technik sein, das Notwendige wird repariert und erneuert.

Diese Steffi aus dem Schochenhaus hast du als Freundin eingebracht. Sie hat dich massiert, als du vom Skilaufen kamst, ein Wintersportler, damals noch Abfahrtsläufer. An den verspannten Nackenmuskeln hat sie gemerkt, daß du ein Schreibtischmensch bist. Sie hat dich gefragt – und hat einen Schriftsteller kennengelernt, jemanden, dem sie sich mitteilen konnte! Ihr habt über Gott und die Welt miteinander geredet, und irgendwo dazwischen bin ich ins Gespräch geraten, die Schriftstellerin, die Kollegin, die die ›Spuren‹ geschrieben hatte. Ich wirkte als Katalysator. Später sind wir dann zu zweit ins Schochenhaus gekommen. Steffi hat uns beide in Pflege genommen. Sie besitzt kräftige, wohltätige Hände, aber sie verfügt auch über wohltuende Worte, sie massiert ihren Patienten die

eigene Welterfahrung unter die Haut, ihre kindlich-schlichte Frömmigkeit: woher nimmt sie die? Manchmal vom Kaplan, mit dem sie lange theologische Gespräche führt ebenso wie mit ihrer Tante, einer klugen Ordensfrau, die hin und wieder im Schochenhaus Erholung sucht. Manches holt sie sich aus den Bergen, sie ist eine Bergsteigerin; jetzt steigt sie nur noch selten zur Trettachspitze auf oder geht den berühmten Heilbronner Weg; mit den jungen Bergführern ist sie befreundet, kennt sie von Kindheit an, ebenso wie die Almwirte. Ihre einzige Schwester ist mit 18 Jahren in der Wand abgestürzt. Steffi hat uns mit zu ihrem Grab genommen, auf den verschneiten Friedhof; auf den Gräbern liegen keine schweren Steine, statt dessen ein schützender Dachgiebel über den Holzkreuzen, ein kleines Bergdorf der Toten, unter Bäumen gelegen, ein paar Ewigkeitslichter brannten.

Sie läuft nicht mehr Ski, auch sie ist älter geworden, hat ihre Kräfte verbraucht. ›Wenn Rauhreif ist, mache ich mit Vroni einen Spaziergang an der Stillach entlang‹, schreibt sie. Was alles muß zusammenkommen, damit sie diesen Spaziergang machen kann: Es muß Sonntag sein, damit der Badebetrieb geschlossen hat, die Sonne muß scheinen, die Luftfeuchtigkeit muß hoch sein, damit sich Rauhreif bildet. Wie oft kommt das vor? Einmal im Winter? Das genügt doch, würde sie sagen, das reicht lange vor. Eigene Wünsche erfüllt sie sich selten, die Wünsche anderer zu erfüllen ist ihr wohl wichtiger.

Wenn weder Unterwassermassage noch Fango, noch ein Gespräch mit dem Patienten etwas nutzen, verkündet sie, daß sie am Abend Allgäuer Kässpätzle machen wird. Sie weiß, daß auch vom Magen Wohlbefinden ausgehen kann. »Hock dich dazu«, sagt sie. Umstände werden nicht gemacht, ein Teller mehr, eine Gabel mehr; die anderen Hausgenossen rücken auf der Eckbank zusammen. Die Töpfe vergrößern sich auf wunderbare Weise. Der Masseur kommt auch noch dazu und bringt seinen Dackel mit, dann noch ein Skilehrer, eine weitere Patientin, manchmal sitzen elf am Tisch, manchmal auch fünfzehn. Der eine bleibt eine Stunde, der andere ein paar Tage. Und Vroni ist für immer geblieben und hat im Schochenhaus Freundschaft, Arbeit und Heimat gefunden.

Steffi trinkt eine Tasse schwarzen Kaffee nach der anderen, trotzdem fallen ihr die Augen vor Müdigkeit zu, sie hockt am Ende der Bank, auf dem Absprung. Abends kommen die Einheimischen, die tagsüber für die Sommer- oder Wintergäste arbeiten, ins Kurbad; manchmal geht sie noch spät zu einem Nachbarn, reibt ihm die schmerzenden Knie mit Arnikasalbe ein oder mit dem Harz der Latschenkiefern, auch mit guten Worten. Sie kennt die Stellen im Wald, wo aus den Latschen der Saft austritt: zähes, starkduftendes Harz, das wirksamer ist als alles, was aus den Apotheken kommt, sagt Steffi, und man ist bereit, ihr das zu glauben; sie hat viel von ihrem heilkundigen Vater übernommen. Als Kind hat sie Heilkräuter auf den Bergwiesen gesammelt.

Das Schochenhaus ist ein Frauenhaus, Steffi hat drei Töchter, es gibt Enkelkinder, es gibt auch Katzen. Eines Tages wird eine der Töchter das Kurbad samt Katzen übernehmen.

Was für ein Umschlagplatz an Schicksalen! Verspannungen werden in Wannenbädern und auf Massagebänken gelockert, auch die inneren Verspannungen. Steffi bekommt, während sie massiert, viel zu hören; sie denkt nach über das, was sie aus einer Welt erfährt, von der sie mit eigenen Augen nur wenig gesehen hat. Als ein kleines Mädchen sie fragte, »wo ist denn der liebe Gott«, hat sie die Hände des Kindes so aneinandergelegt, daß ein kleiner Hohlraum entstand, die Geste des Betens. »Dort, dort lebt er«, sagte sie, »dort in deinen Händen hast du ihn, er ist immer bei dir, er paßt auf dich auf, und du mußt auch auf ihn achtgeben.« Womit sie gar nicht so weit entfernt war von jener theologischen Auffassung der mystischen Gegenwart Gottes in seinem Haus. Ich habe diese kleine Szene beobachtet und das aufmerksame Kindergesicht gesehen. Eine bessere Antwort auf eine Kinderfrage habe ich nie gehört.

Als eine Heilige Franziska steht sie morgens auf dem obersten Holzaltan unterm verschneiten Dach und füttert die Bergdohlen, die schon neben dem Haus in den Tannen auf ihr Erscheinen gewartet haben. Das Futter bereitet sie aus Talg und Haferflocken selbst zu. Fünfzig Vögel oder mehr, der Schwarm verdunkelt das Zimmer, beängstigt. Die Katzen halten sich fern. Im Frühling kehren die Dohlen wieder in die Berge zurück.

An einem sonnigen Januartag hat sie sich freigenommen, und wir sind zu dritt auf eine bewirtschaftete Alm gestiegen. Der Weg war nicht zu steil, aber er war weit, und vereist war er auch. Als wir uns dem Berghof näherten, stand der Wirt bereits unter der Tür, ein hochgewachsener Mann mit einem schönen Altersgesicht. Er hatte eine tiefe Zuneigung zu seiner Freundin Steffi gefaßt und hätte sie gern immer um sich gehabt, aber sie wurde im Tal gebraucht, er auf der Alm. Wir saßen am Kachelofen, tranken heißen Kaffee und kühlen Enzian. Als es dunkelte, holte er drei Rodelschlitten aus dem Schuppen, gab noch ein paar Anweisungen, wie wir das Gewicht verlagern und wie wir uns in den Haarnadelkurven verhalten müßten. Er stand, sehr allein, am Gatter und winkte uns nach. Es wurde die schönste und aufregendste Schlittenfahrt meines Lebens. Die Rodelbahn war vereist, die Fahrt wurde schneller und schneller, und immer steiler ging es in den Kurven an den Schneewänden hoch. Ich überholte erst den einen und dann den anderen Schlitten, sah, daß du zu Fall gekommen warst, und bremste nicht und kümmerte mich nicht, zum ersten Mal hatte mich der Rausch der Geschwindigkeit erfaßt. Meine sportliche Leistung hatte kein Publikum! Die Abfahrt dauerte zehn Minuten, der Aufstieg hatte drei Stunden gedauert; wir stellten die Schlitten am Ende der Rodelbahn an den Straßenrand, ein Trecker würde sie am Abend auf die Alp mitnehmen. Steffi wäre gern droben geblieben, sie war schweigsam an jenem Abend. »Die Leut'!« sagte sie und zog sich, wieder im Schochenhaus, den weißen Kittel an, tat eine Handvoll Heublumen in unser Badewasser, damit wir warm wurden und uns entspannten.

Am Rande des Kurortes stehen noch ein paar Bauernhöfe, aber die Viehherden werden nicht mehr durch die Hauptstraße getrieben; kein Glockengeläut und keine Kuhfladen mehr. Seit zwei Jahren steht das Schochenhaus wie eine Arche Noah auf einem Baugelände. Die alten Gebäude rundum wurden abgerissen, Erde wurde ausgehoben, zwei Stockwerke tief für die mehrgeschossigen Garagen. Ein Supermarkt und ein Geschäftshaus stehen bereits, ein Bauherrenmodell ist im Entstehen, mit Appartements, mit Pub und Disko, mit Läden, Café und Tanzlokal und Praxisräumen. Wenn alles fertig ist, wird das Schochenhaus wie ein Heimatmuseum dazwischenstehen.

Steffi möchte das Alte bewahren, andere wollen erneuern, um konkurrenzfähig zu bleiben. Sie ist weniger fortschrittsgläubig als andere Unternehmer. Sie kennt die Menschen zu gut. Werden sie denn gesünder und zufriedener werden, nur weil sie in Zukunft mehr Geld ausgeben müssen? Zum Schlafen, zum Essen, zum Baden, zur Fußpflege. Vor allem zur Ablenkung. Von Ablenkung hält sie wenig.

Hin und wieder schickt sie uns ein Paket, aus dem es nach Rosmarin und Heublumen duftet, nach Massageöl und Salben und Badeessenzen, ein Töpfchen Arnikasalbe aus dem Allgäu fehlt nie, ein paar Latschenzweige obenauf und manchmal ein handgeschnitzter Engel oder ein weiterer Hirte für unsere Weihnachtskrippe aus dem Allgäu. Und ganz unten im Paket liegt dann noch ein Umschlag mit einem Brief und meist auch mit einem Gedicht, in einer schönen, leichten Handschrift. Sie hat das Bedürfnis, ihre Erfahrungen und Empfindungen schriftlich auszudrücken; es sind Ergebnisse, zu denen sie gekommen ist, die Summe ihrer Lebensphasen. Diese Gedichte legt sie in Briefe und schickt sie fort, sie behält nichts für sich, es ist ihre Art zu leben. Einmal schickte sie mir ein seitenlanges Gespräch mit Gott, damals, als der erste Menschenfuß den Mond betreten hatte. ›Laß durch die technischen Wunder sich Erkenntnisbereiche auftun auf unserem Weg vom Leben zum Tode, Dich zu finden in der Botschaft des Friedens und der Liebe zu allen Menschen‹, so endet das lange und hoffnungsvolle Gebet. Denkt sie noch die gleichen Gedanken, wenn sie aus ihrem Schochenhaus auf das moderne Bauherrenmodell blickt, auf Bagger und Baukräne und Betonmischmaschinen, alle diese technischen Wunder?

Wenn der lange Winter vorüber ist, wird sie vermutlich auf die Trettachspitze steigen und sich umblicken, tief durchatmen und dann gekräftigt ins Schochenhaus zurückkehren und weitermachen, in der Hoffnung, daß einiges von dem, was sie tut und sagt, unter die Haut geht. Vor Jahren habe ich sie einmal gefragt: »Lohnt sich das alles, Steffi?« Sie hat mich angesehen und nachdrücklich gesagt: »Danach darf man im Leben nicht fragen, ob es sich lohnt.« Diesen Satz habe ich nie vergessen, an anderer Stelle habe ich ihn schon einmal zitiert.

Schochen, so nennt man ein Bündel Heu, das man sich auflädt, droben in den Bergen, auf den Almwiesen.

DER MAI BEWIRKT WUNDER

Nach Ansicht Luthers gibt Gott uns seine Güter nicht teuer genug. In seinen Tischgesprächen steht: ›Wenn Gott einen jeden nur mit einem Bein geboren werden ließe und gäbe ihm das andere erst, wenn er sieben Jahre alt ist, die eine Hand gäbe er ihm mit vierzehn, die andere mit zwanzig Jahren, dann würden wir die Wohltaten Gottes erkennen, wenn wir ihrer beraubt sind.‹

Ich hatte mir bei Glatteis das rechte Handgelenk gebrochen, ein komplizierter Bruch, eine Reihe von Ärzten und Krankengymnastinnen hatten sich bereits um ihn bemüht. Eine linkshändige Frau, die kaum ihren Namen schreiben konnte. Der Versuch, mit einem Diktiergerät meinen Schriftsteller-Betrieb zu technisieren, scheiterte. Die ›ungehaltenen Reden ungehaltener Frauen‹ blieben vorerst auch noch ungeschrieben. Mein Arm hing wie ein Fremdkörper an meiner Seite. Nach einigen Monaten fühlte ich mich an Leib und Seele gebrochen. Sie muß nach Badenweiler, hieß es. Das ist der richtige Ort, um Winterschäden zu kurieren.

Schon einmal hatte man mich im Schwarzwald nach einem Unfall wieder auf die Beine gebracht. Gewohnheitsmäßig packte ich einen Notizblock ein, obwohl mir seit Monaten nichts mehr eingefallen war. Ich kannte den Schwarzwald, wir hatten ihn von Nord nach Süd durchwandert; geschrieben hatte ich auch schon darüber. Ich hatte meine Erfahrungen mit dem Mai, auch über ihn hatte ich längst alles gesagt. Aber den Mai in Badenweiler, im Markgräflerland, den kannte ich eben doch nicht.

Vom Bett aus sahen wir die Sonne, sie war aus Schmiedeeisen und hing, vergoldet, als Schild am Hotel. Es regnete und war kalt. Im Frühling brauchen die Wälder und die Weinberge und die Obstbäume Wasser, sagten die Einheimischen. Ich bin kein Baum, sagte ich. Der Chirurg, der meinen Arm weiterbehandeln sollte, hatte sich ebenfalls das rechte Handgelenk gebrochen. Arzt und Patientin waren sich im eigentlichen, ursprünglichen Sinne des Wortes ›sympathisch‹, gleich mitleidend; wir führten uns gegenseitig vor, was wir konnten und was wir nicht konnten. Er versprach keine Wunder, sondern sagte: Geduld! Und gab mir Ratschläge. Ich versuchte, die geschwächten Finger in Knetgummi zu drücken, machte Wechselbäder bei Tag und Prießnitzumschläge bei Nacht. Ab und zu ging ich in das Thermalbewegungsbad, dort rechnete ich lieblos das Durchschnittsalter und das Durchschnittsgewicht und das Durchschnittseinkommen der Badenden aus, alles schien mir überhöht.

Wir berechneten außerdem, wie viele Liter Regen in diesem Jahr auf Badenweiler fallen müßten, damit nach zehn Jahren täglich zwei Millionen Liter Thermalwasser, wohltemperiert und angereichert mit Kalzium, Natrium, Hydrokarbonat, Sulfat, aus den Quellen sprudeln könnten. Wir stellten melancholische Betrachtungen darüber an, wer wohl in zehn Jahren in diesem Mairegen baden würde und wieviel Regen noch auf die Weinberge fallen müßte, damit innerhalb eines halben Wachstumsjahres ein reicher Weinjahrgang heranreifen könnte.

Bei unseren kleinen Spaziergängen durch die Stadt zählte ich die Schilder von vierzig Ärzten, die Schaufenster von vier Juwelieren, eine Buchhandlung. Das Kurorchester spielte morgens als erstes einen Choral, einige Kurgäste erhoben sich von ihren Plätzen, auch daran knüpfte ich meine unfreundlichen Betrachtungen. Abends sagte am Nebentisch jemand, nach Avignon sei es näher als nach München. Die burgundische Pforte stand uns offen. ›Badenweiler, ein Stück Italien auf deutschem Grund‹, hieß es im Prospekt.

Und dann ein Morgen, an dem die Sonne rigoros die Wolken, die am Hang der Schwarzwaldberge hingen, beiseite schiebt und zum Grünen und Blühen bringt, was nur noch auf ihr Erscheinen gewartet hat. Frühlingswiesen. Frühlingsbäche auf ihrem kurzen schönen Weg hinunter zum Rhein, geschmückt mit Sumpfdotterblumen und Vergißmeinnicht. Das frische Maiengrün triumphiert über das Immergrün der Nadelhölzer. Hier benutzt man Stechpalmen als Unterholz, was für eine Verschwendung!

Es geht schnell voran mit dem Frühling, der Rückweg ist bereits schattiger als der Hinweg. Wer die blühenden Kirschbaumhänge an den Vorbergen noch sehen will, muß sich beeilen. Der Faulbaum blüht. Der Knoblauch steht zwei Tage später schon in Blüte. Die erste Eidechse, kostbarer als anderswo, mit einem breiten Streifen Chromoxyd auf dem Rücken. Wiesen voller Veilchen! Singdrosseln, Blaumeisen, Buchfinken, alle auf Werbung, Paarung, Fortpflanzung aus. Und na-

türlich der unermüdliche Kuckuck! Im Kurpark liegen die blühenden Kastanien-
bäume den Libanonzedern in den Armen.

Die Kurhäuser und Hotels wachsen hier nicht in den Himmel, wohl aber die
Bäume. Jeder Baum ein Naturdenkmal, zugleich ein Trost für den Kurgast: so ge-
sund zu altern wie ein Lebensbaum in Badenweiler! Mein Notizblock füllt sich
mit Ausrufungszeichen. Ich kaufe mir eine kirschblütenweiße Leinenbluse aus
dem Schaufenster; die Auslagen in den Modegeschäften wechseln jetzt zweimal
täglich. Auf dem Weg zum Kurhaus beginne ich einen Flirt mit einem Solitär, der
nach zwei Tagen einen anderen Liebhaber gefunden hat.

Das Kurmittelhaus verdient zwei Ausrufungszeichen. Was für ein irrationaler
Bau! Drinnen und draußen durch Glaswände mehr verbunden als getrennt, die
Decke des einen Geschosses dient dem nächsten als Garten, alles ist zugänglich
von oben und unten und von den Seiten her, das grünt hier und blüht da. Anmut
auf Betonsäulen. Vorträge und Theateraufführungen, Bilderausstellungen, Mode-
schauen; man liest und schreibt und spielt, geht ins Café und geht zum Tanzen,
man trifft sich und verfehlt sich. Man strebt zum Lesesaal, kommt aber beim
Buchhändler an, was tut's? Wer sich hier ärgert, ist noch nicht lange genug da.

Diese Römer, was für eine Besatzungsmacht! Sie blieben 400 Jahre. Den Rö-
mern verdankt es Badenweiler, daß man von einer zweitausendjährigen Badetra-
dition sprechen kann. ›Römerberg‹ heißt das Prädikat für Spitzenweine und No-
belherbergen.

Der Mai tat Wunder! Wir dehnten unsere Spaziergänge zu Wanderungen aus.
Ich kühlte den Arm, der immer noch heiß wurde und anschwoll, in Bächen und
Brunnentrögen. Wir lagerten am Waldrand und ließen die Augen weiterwandern,
von den dunklen Schwarzwaldhöhen zu den hellen Laubwäldern und den Wiesen-
hängen, auf denen nun schon die Apfelbäume blühten, und hinunter zu den Rebhängen, die noch braun waren, über die Rheinebene hinweg, die im Dunst lag wie
drüben die Vogesen. Über uns schwebten Bussarde und Drachenflieger.

Sollte ich je in Italien ein hügliges, grünes blühendes Stück Erde entdecken,
werde ich es mit dem Markgräflerland vergleichen, sage ich und setze ein weiteres
Ausrufungszeichen! Und dann die vielen Weindörfer und Waldwiesentäler, die
man zu Fuß erreichen kann. Wenn wir von unseren Ausflügen zurückkehren, gehen wir ins Markgrafenbad, machen bei der Wassergymnastik mit, schwimmen

ins Außenbecken, wo die Wassertemperaturen und das Alter der Badenden niedriger sind, ruhen uns auf Liegebänken aus, schwimmen durch die warmen Wasser der Halle, blicken durch die hohe Glaskuppel ins Geäst der Parkbäume oder ins Gestänge der Stahlkonstruktion, loben beides. Wenn meine Masseuse sagt: Ihren Rücken würde ich unter hundert anderen wiedererkennen, Gesichter kann ich mir nicht merken, dann lache ich. Meine Berechnungen, was mir wohler tun könnte, eine Zwanzig-Minuten-Vollmassage oder sechs Schoppen Markgräflerwein zum gleichen Preis, scheinen auch von anderen Kurgästen angestellt zu werden, die Weinstuben sind gut besetzt, die Massagebänke weniger.

Der durchsonnte Maienwald wird sich nun bald in einen schattigen Sommerwald verwandeln; leuchtende Laubwälder im Oktober; verschneite Schwarzwaldberge. Kirschen werden reifen, Äpfel und Walnüsse, Weinlese, Skilauf. Es fällt mir leicht, eine Landschaft in ihre vier Jahreszeiten zu übersetzen.

Im Mai sind die Abende noch kühl. Wohl derjenigen, die sich eine Nerzstola um die Schultern legen kann, wohler noch derjenigen, der man sie um die Schultern legt. In Badenweiler ist der Anteil der Herren größer als in anderen Badeorten.

Abends steigen wir zur Ruine der angestrahlten Zähringerburg auf, die den Berg krönt. Überm Schwarzwald stehen die Sternbilder goldener und klarer als über der Rheinebene. Einen Sonnenuntergang hinter den Vogesen haben wir nicht gesehen. Dafür beschließen wir den Tag in der ›Sonne‹ und trinken noch einen Schoppen vom Römerberg. Wir vertrauen der Prophezeiung des Wirts, der auf die Weinkarte geschrieben hat, ›auf ihn können Sie schlafen‹. Die grammatikalische Richtigkeit des Satzes kann man bezweifeln, die Tatsache nicht. Die Lust am Kritisieren habe ich mit Markgräfler Gutedel hinuntergespült. Erholt und erheitert bin ich abgereist, auch beruhigt: Jetzt weiß ich, wo ich mich unter angenehmen Bedingungen erholen kann.

Nach der Rückkehr habe ich an den ›ungehaltenen Reden ungehaltener Frauen‹ weitergeschrieben.

WELCHE FARBEN TRÄGT MEIN HERZ?

Erinnern Sie sich, lieber Johannes Rüber? Erinnern Sie sich an unsere Fahrt über die Peloponnes? Es war Ende Mai, wir kamen von Mykene, wo ich mich um Klytämnestra gekümmert hatte, wir wollten den Tempel von Bassai sehen, den keiner von uns kannte. Es war noch zur Zeit der Obristen, Griechenland war arm, zum Wohlstand des Landes konnten wir wenig beitragen. Wir zählten das Geld für Benzin und das Geld für den Wein. Wir mußten sparen. Aber wir kauften Kirschen am Wegrand, die baumelten, zu einer großen Traube gebündelt, an einem Haken, den wir am Rückspiegel aufhängten. Während der Fahrt pflückten wir uns die Kirschen mit den Zähnen. Es war gut Kirschen essen mit Ihnen! Sie zitierten Rilke: ›Armut ist ein großer Glanz von innen‹, hängten aber dem berühmten Satz das Wort ›her‹ an und machten ihn damit fragwürdig. Wir sahen viel Armut, die ohne Glanz, aber nur selten ohne Würde war.

Auf einem Weg, der noch nicht zur Straße ausgebaut war, improvisierten wir eine Oper, eine Katzenoper von Miau zu Mao; wir trommelten den Rhythmus aufs Polster, klatschten in die Hände, Sie bedienten die Hupe, wir sangen und waren von der Originalität und musikalischen Qualität unserer komischen Oper überzeugt.

Eine Ziegenherde versperrte uns den Weg. Sie fuhren den Wagen nahe an einen Abgrund und hielten an. Die Ziegen steckten ihre braunen lockigen Köpfe durchs Wagenfenster, der ebenfalls braungelockte junge Hirte lachte uns zu, und wir riefen: Chaire! Sei glücklich! Dann stiegen wir aus und gingen auf einem Eselspfad durch Gestrüpp und Geröll, hörten den Hufschlag von Eseln und traten beiseite. Drei Esel näherten sich, drei Frauen saßen darauf, die Köpfe gesenkt wie die Tiere, die letzte war jung und war schön. Und Sie sagten, als sie vorüber waren: »Der zweiten geb' ich die Dattel, die dritte heb' ich vom Sattel.« Was war mit der ersten, die schon alt war?

Den Tempel von Bassai hatten wir für uns. Die Steine waren grau und porös,

man mußte sie lange betrachten, bis sie anfingen zu leuchten. Ein langer, glücklicher Tag in den Bergen Arkadiens, im Schutz des Gottes Apollon Epikurios.

Nach einer Woche kehrten wir an unsere Schreibtische zurück, die in jenem Sommer auf Ägina standen, der Insel im Saronischen Golf. Sie schrieben an Ihrem Theseus-Roman, und alle paar Stunden – erinnern Sie sich? – kamen Sie zum Vorschein und riefen: »Seite sechsundsiebzig!« und: »Seite siebenundneunzig!« Abends lasen Sie uns vor, was Sie tagsüber geschrieben hatten, und es klang wie Musik. Medea, Ariadne und Phädra lebten mit Ihnen zusammen, vor allem Phädra. Aber es kam vor, daß Sie laut »Gynäka!« riefen, das tat auch Theodor Däubler, wenn er Sehnsucht nach einer Frau bekam; er lebte oft in Griechenland. Wir zitierten viel. Drei Literaten! Wenn es dunkel war, wurde nicht mehr gelesen, dann wurde kein Licht angezündet, dann hörten wir Schubert oder Mozart von einem Athener Sender, sahen die wenigen Lichter auf Angistrion und die vielen Lichter am Himmel. Bevor wir schlafen gingen, stiegen wir noch einmal den steinigen Abhang hinunter ans Meer und badeten. War es nicht doch ein großer Glanz von innen?

In mein ›Glückliches Buch der a. p.‹ konnte ich Sie nicht aufnehmen, lieber Freund Johannes, ein Dritter hat darin keinen Platz.

Sie haben inzwischen erreicht, was ich immer nur gewünscht habe: ein Haus auf einer griechischen Insel. Dafür, daß Sie in jedem Jahr schreiben: ›Kommt doch! Kommt doch nach Tinos! Seht Euch die Taubentürme an!‹, dafür danken wir Ihnen. Aber Tinos ist Ihre Insel, Ihre Insel in den Kykladen, ich muß sie Ihnen lassen. Käme ich, würde ich darüber schreiben und sie Ihnen wegnehmen. Ihr Buch vom ›Tal der Tauben und Oliven‹ muß uns genügen. Auf der Widmungsseite stehen unsere beiden Namen. Sie haben dazugeschrieben: ›Das Land der Seele bei den Griechen suchen.‹

Auch ich habe im ›Buch der a. p.‹ Hölderlin zitiert: ›Ich liebe dieses Griechenland überall. Es trägt die Farbe meines Herzens.‹ Aber: welche Farben trägt mein Herz?

Chaire! Ihre c. b.

VENEDIG FÜR SPÄTER

Venedig hatten wir uns aufgehoben. Ein paarmal waren wir auf der Küstenstraße vorbeigefahren, hatten die Stadt links oder auch rechts liegengelassen; im Abendlicht oder im Gegenlicht schwebte sie blau und silbern im Osten, Campanile neben Campanile, eine Fata Morgana. Was konnten ein paar Jahre dieser alternden Schönen ausmachen? Venedig für andere. Venedig für später.

Und als es dann soweit war und wir beide unter Tausenden Venedig besichtigten, da war uns alles freundlich gesonnen, die Sonne, selbst der Wind, der von Osten her die Wellen des Meeres bis in die Kanäle und Seitenkanäle trieb und das Wasser bewegte; der Himmel gab dem Wasser von seiner Bläue ab, und kein Geruch von Fäulnis stieg auf. Die Fußböden der Paläste und Kirchen und Restaurants machten die Wellenbewegungen des Meeres mit, kein Tisch und kein Stuhl, die nicht wackelten oder schief standen. Die Spiegel erblindet, sie sahen nicht so genau hin, wer sich da in ihnen spiegelte, eine gewisse Gleichgültigkeit war spürbar. Das Altern verliert in Venedig seine Schrecken, beruht darauf seine Anziehungskraft? Will man sich vergleichen? Oder schmückt sich Venedig mit denen, die es bewundern, belebt sich die Stadt mit ihnen, bekommt zurück, was sie hergibt? Menschengesichter werden schöner, wenn sie Schönes betrachten. Allein gelassen im Winter, fällt Venedig in sein wahres Alter zurück, dann blättert der Putz ab, steigt die Feuchtigkeit höher, dann verlassen wieder ein paar alte venezianische Familien die Stadt, werden Renaissancefenster mit Brettern vernagelt.

Anderswo muß man lange gehen und suchen, da sind die Zwischenräume von Kunstwerk zu Kunstwerk groß; hier geht man durch ein einziges großes Museum, alles ist einen Blick wert, ist schön an sich und schön in seiner Umgebung.

Wir dachten uns Strafen für jene Besucher aus, die meinen, mit einer Fahrt auf dem Canal Grande, einem Campari auf dem Markusplatz sei es getan; ein Blick nach San Giorgio und noch ein Foto von Santa Maria della Salute. Löwen zählen in Venedig, das wäre eine Aufgabe und eine lehrreiche Strafe! Die schönen geflügelten Löwen aus Marmor und die weißen Löwen aus Gips, die auf den Gartenmauern sitzen, und die bunten Schaufensterlöwen aus Muranoglas. Und während wir unseren Campari auf dem Markusplatz trinken, erinnern wir uns an den schönen Löwen, der in einem Relief an der Mauer des Palace-Hotels auf der Insel Hvar lagerte, unsere Lieblingsinsel seit langem; die Stadt Hvar ist venezianisch, aber ländlich, weniger elegant, von gemilderter Schönheit. Wir betreiben, was wir so gern tun, vergleichende Kunstbetrachtung, ein Löwe ruft andere Löwen hervor. Geflügelte lesende Löwen, das aufgeschlagene Buch zwischen den Tatzen. ›Friede sei mit dir, Markus, mein Evangelist!‹ So steht es, auf lateinisch, in dem steinernen Buch. Ein Buch mit nur diesem einen Satz, was für eine hohe Auflage!

Abendmesse in einer der kleinen abgelegenen Barockkirchen. Der Priester bittet den Himmel um Frieden. Einer wendet sich dem anderen, unbekannten Nächsten zu und sagt: Pace! Hände strecken sich aus, wir strecken unsere Hände aus: Pace! Pace! Eine Friedenskette. Anderswo veranstaltet man unfriedliche und lautstarke Friedenskundgebungen und Ostermärsche. Wir denken an die größte Friedensdemonstration, die am Abend vor der Heiligen Nacht stattfindet, wenn Millionen von Christen und Halb- und Viertelchristen sich auf den Weg machen, um die Botschaft der Engel zu hören: Frieden auf Erden!

Für den Fall, daß wir uns verlieren sollten, was in Venedig so leicht passiert, haben wir als Treffpunkt die Tetrarchen an der Ecke der Südfassade von San Marco ausgemacht. Vier Krieger, in Syrien geraubt, Bronze, viertes Jahrhundert. Warum wurden sie gekrönt? Warum liegen sie sich in den Armen? Pace!

Die Bewohner Venedigs waren Kaufleute, Seefahrer, Diplomaten, aber in erster Linie waren sie Venezianer, die ihr Staatswesen in Ordnung hielten; in Ordnung und in Balance, im Sinne Machiavellis: Wenn die Menschen gut regiert werden, suchen und verlangen sie keine andere Freiheit. Mit Salz und Pfeffer hat Venedig seinen Reichtum begründet, mit dem, was dem Leben die Würze gibt. Hat dieses Staatswesen seine Macht und Vormacht in Europa jahrhundertelang vornehmlich mit Klugheit und Schönheit ausgeübt? Weder Festungsmauern noch Forts, noch Zitadellen stören das schöne, friedliche Bild. Die Kanäle öffnen sich wie Arme zum Meer hin: Benvenuto! Raub galt hier nicht als Gesetzesübertretung. Es gab sogar eine Zeit, da forderte das Gesetz: Jedes Schiff, das nach Venedig zurückkehrt, hat Kunstwerke für die Kathedrale San Marco mitzubringen!

Was für ein Ansporn, die schönsten und größten und wertvollsten Kunstgegenstände zu rauben und das Geraubte zur Ehre Gottes und zur Ehre Venedigs und auch zur eigenen Ehre darzubringen! Sogar um die Gebeine des Evangelisten Markus haben die Venezianer so lange gefeilscht, daß es einem Raub nahekam. Die berühmten Pferde aus vergoldetem Erz überm Portal wurden in Konstantinopel geraubt; anderes in Jerusalem, in Griechenland. Die Lust am Raub scheint erblich zu sein, der Raub selber eine Abart des Handels; die Mehrzahl der Säulen, die heute die Stadt schmücken und die Touristen erfreuen, sind auf diese Weise erhandelt. Aber Reichtum und Glück können lange währen, ewig währen sie nicht. Das Glück wendet sich anderen Ländern zu, Portugal zum Beispiel, es kehrt sein Gesicht zur Neuen Welt, die im Westen liegt. Und es kommt die Pest übers Land. Was man in guten Jahrhunderten erworben hat, hat man in schlechten verkauft, stückweise. Jetzt, bei geschwundenem Reichtum, verkauft man die verbliebene Schönheit pro Tag und pro Nacht. Die Stadt altert immer rascher, wird immer hinfälliger, man kennt die Ursachen. So schnell kann man mit technischen Mitteln nicht reparieren, was man mit technischen Errungenschaften, an denen auch diese Stadt teilhaben will, zerstört. Die Gondeln sind Dekoration und kein Verkehrsmittel mehr. Die Saison, in der Touristen sich in Venedig von der Häßlichkeit moderner Städte erholen, ist lang, länger als die Wintersaison, in der Venedig sich von den Touristen erholen und zu sich selbst kommen könnte, falls es dieses Selbst noch gibt. Reichtum ist vergänglich, aber vom Reichtum, der sich zur Schau stellt mit schönen Fassaden und reich geschnitzten Schnäbeln der Gondeln, bleibt Schönheit zurück. Schönheit beginnt, wo das Nützliche zu wenig wäre.

Wenn man die Hotelrechnung und die Rechnung in den Restaurants bezahlt und die Endsumme bestaunt, überlegt man, was an dieser Summe unter die Rubrik Raub fällt. Wem die Schönheit Venedigs nichts wert ist, der ist Venedig nicht wert! Wir überlegen, ob jene Sitte nicht übertragbar wäre: Jeder Reisende bringt dem Land seiner Herkunft ein Geschenk mit, es müßte ja nicht geraubt sein. Vor allem Firmeninhaber sollten es am Ende einer Geschäftsreise und nach guten Abschlüssen tun. Statt dessen machen sie ihre Reisen steuerlich geltend, entziehen ihrem Land Steuern, die es so nötig braucht, aber anders anlegt, als der Steuerzahler es möchte. Hätte ich die Statuette von Giacometti aus dem Museum der Peggy Guggenheim unbemerkt mitnehmen sollen? Ich traue mir das zu. Ich hätte sie

meiner Heimatstadt zum Geschenk machen können. Statt dessen werden gläserne Löwen und venezianische Spiegel als Andenkquitäten mitgenommen, stehen in Wohnungen herum und schaden dem Ansehen Venedigs.

Wir werden rascher altern als Venedig, das ist sicher. Aber diese wenigen Tage haben uns verschönt, das sieht man auf den Fotos. Auf wie vielen Bildern und wie vielen Filmen hat man uns mitgenommen nach Toronto und Oslo und Tokio?

Santa Maria Formosa, das war die Kirche, in der gerade der Fußboden gebohnert wurde, von einer Nonne, mit einer elektrischen Bohnermaschine. Aber dort hing doch auch das Bild von Palma Vecchio! Und alle die Brunnen, die man zugedeckt hat, nachdem Kinder hineingefallen waren; sie stehen auf marmornen Löwenpranken, die zu Trinkschalen ausgearbeitet wurden; einmal beobachteten wir, wie eine Frau Trinkwasser hineingoß, für die vielen Hunde und Katzen und auch für die Tauben, das Wasser der Kanäle ist salzig. Und dann die Mittagsstunden am Lido, wo der Ostwind für Brandung sorgte und wir schwimmen und in der Sonne liegen konnten. Auf der Treppe zu Santa Maria della Pietà haben wir Katzen gefüttert, durch das geöffnete Portal hörten wir Vivaldi. In den Bleikammern Venedigs haben wir an der Wand gelesen ›Freddy was here‹, und abends, wenn wir aus dem Teatro La Fenice kamen, war der Markusplatz ein großer festlicher Ballsaal, in dem niemand tanzte. Beim Rosé haben wir uns Seufzergeschichten ausgedacht. Unter den Touristen schienen sich keine Tragödien und keine Komödien abzuspielen. Niemand zog eine Pistole. Kein lautes Gelächter. Niemand lief weinend durch die Gasse.

Und als wir dann nach Hause zurückgekehrt waren, habe ich den Venedigaufenthalt als Studienreise deklariert und steuerlich geltend gemacht. Ich habe dort einen literarischen Schauplatz gefunden. Ich weiß jetzt, wo Desdemona, die schöne Tochter des Brabantino, der Senator war in Venedig, gelebt hat. Ich muß nicht auch noch Zypern kennen, es genügt mir zu wissen, was Desdemona aufgegeben hat, diesem dunkelhäutigen Feldherrn zuliebe. Den stolzen Satz einer anderen Venezianerin habe ich zu spät gelesen. ›Und wenn ich falle, so falle ich nicht auf die Knie!‹ Recht so! Das hätte Desdemona ihrem Othello ins Gesicht schleudern sollen! Statt dessen habe ich das ganze blutige Drama lachend enden lassen, habe aus der Tragödie eine Komödie gemacht, das war nicht schwer.

Im Italienischen heißt der einzelne Mann Signore, aber genauso heißen Frauen in der Mehrzahl. Wie viele Frauen gelten für einen Mann? Es ist wie Löwenzählen in Venedig! Du hast mich einmal gefragt, ob ich mit dir nach Hammerfest gehen würde, wo es an 300 Tagen im Jahr regnet. Du hast deine Macht gegen die Macht der Sonne ausgespielt, Othello! Es ist klug von dir, mich nicht zu fragen, ob ich Venedig deinetwegen verlassen hätte. Ich bin keine Desdemona. Morden lasse ich mich nicht.

Wir sind zusammen angekommen, wir sind zusammen abgereist. Keine Dramatik! Keine Tragödie, ein wenig Abschiedsschmerz vielleicht. Das Dasein ist im Sinne der Epik ein Meer, das habe ich bei Walter Benjamin gelernt, und die Ehe ist ein Meer, sie hat ihre Gezeiten.

JERUSALEM, CHOVEVE ZION STREET

Wir hatten das Eisenbahnabteil für uns, wir würden uns ins Gedächtnis zurückrufen, was wir in Venedig gesehen hatten, wir würden aus dem Fenster schauen, über Stunden schweigen, bis München. Aber dann, wir hatten Mestre bereits hinter uns, stürzten zwei Herren ins Abteil, gestikulierten, redeten, grüßten flüchtig, ließen sich auf die Sitze fallen, der ältere, etwa sechzigjährig, und ein jüngerer, etwa dreißigjähriger Herr. Wer waren sie? Handelte es sich um Vater und Sohn? Aus welchem Land stammten sie? Wenn sie nicht, was sie zwischendurch immer wieder taten, Englisch sprachen, in welcher Sprache redeten sie? Bis auf wenige Worte, die uns bekannt vorkamen, eine uns völlig unbekannte Sprache.

Wenn man in einem Kurswagen nach München sitzt, muß man viele Stunden miteinander auf wenigen Quadratmetern verbringen, also erkundigte ich mich: Welche Sprache haben Sie eben benutzt? Ich fragte auf englisch, der ältere der beiden Herren antwortete auf deutsch, ohne Akzent; dann verdolmetschte er meine Frage und seine Antwort dem Jüngeren und erklärte uns, daß sein Sohn nicht Deutsch spreche und auch nicht verstehe. Sie hatten Iwrith gesprochen.

Kurz bevor wir in München ankamen, sagte der Jüngere: Zum ersten Mal habe ich mir gewünscht, Deutsch verstehen zu können! Und dann fragten wir ihn, welches der Länder, die ihm der Vater auf der Europa-Reise gezeigt habe, England, Frankreich, Österreich, Italien, ihm am besten gefallen habe, diese Standardfrage: How do you like? Deutschland hatten wir erst gar nicht erwähnt, aber er sagte: Deutschland habe ihm am besten gefallen.

Zwischen Venedig und München war eine Freundschaft entstanden. Zehn Stunden mußten genügen und haben genügt.

Wenig Biographisches, nur ein paar Sätze. Im Vorjahr hatte Herr K. seiner Tochter einige Länder Europas gezeigt, dieses Jahr war nun der Sohn an der Reihe. Beide Kinder waren in Jerusalem geboren, die Mutter war Engländerin, der Sohn Regierungsbeamter in der Knesseth. Herr K. hatte Berlin rechtzeitig,

also frühzeitig verlassen, die Eltern konnten Möbel mitnehmen, sogar den Bechsteinflügel, aber man hatte ihn nicht aufstellen können, das Land Zions war nicht groß genug.

Wir wissen bis heute nicht, wovon Herr K. lebt. Vom Handel? Vom Zwischenhandel? Hatte er in Venedig Waren verkauft oder eingekauft? Altes Glas? Altes Porzellan? Er war kein Shylock! Die beiden Herren hatten sich nur wenige Tage oder gar nur Stunden in Venedig aufgehalten, hatten auch keine Koffer bei sich, der Zollbeamte warf nur einen kurzen Blick zum Gepäcknetz, stellte keine Fragen; nicht vorhandenes Gepäck muß man auch nicht kontrollieren.

Unser Gespräch dauerte von Mestre bis München. Es bestand aus Rezitativen, Arien, kurzen Pausen, in denen wir einen Blick aus dem Fenster warfen. Verona! Und schon war von Verdi die Rede, dann durchs Etschtal mit Ouvertüren, Gesangspartien und Solostellen, durch die Alpen über Viadukte und durch Tunnel. Bozen, Innsbruck, Kufstein. Die Entfernung zwischen Venedig und München wurde immer geringer, je näher wir uns im Gespräch kamen; sprechend haben wir die weiten Entfernungen zwischen einem Israeli und zwei Deutschen derselben Generation überwunden.

Mittags suchten wir den Speisewagen auf; als wir dort saßen, plötzlich sehr allein, bedauerten wir, die Herren nicht zum Essen eingeladen zu haben, es war ein deutscher D-Zug, wir hätten die Rolle der Gastgeber übernehmen müssen, der Gedanke der Wiedergutmachung ist ja nie zu unterdrücken. Ins Abteil zurückgekehrt, trafen wir die beiden so schweigsam an, wie wir es gewesen waren, bevor wir die Bekanntschaft mit ihnen gemacht hatten. Ich sagte, wie schade es sei, daß wir nicht zusammen gegessen und getrunken hätten. Eine Geste als Antwort: Sprechen wolle er, mit Menschen sprechen, die seine Sprache benutzten, über Kultur wollte er sprechen, über Musik. Literatur schien ihm weniger wichtig. Richard Strauss, sagte er. Und natürlich Richard Wagner! Leitmotive wurden gesummt, taktiert und intoniert. Das Eisenbahnabteil verwandelte sich in einen Konzertsaal. Es ging Begeisterung von ihm aus, und die Begeisterung sprang über. Es waren glückliche Stunden. Berlin, sagte er, da ist er nie wieder gewesen, aber geboren ist er dort, dort ist er zur Schule gegangen. ›Zuhause‹ sagte er, an das Wort erinnere ich mich.

In München trennten wir uns. Die beiden Herren nannten den Namen des

Hotels, in dem sie wohnten, wir blieben im Bahnhofshotel, weil wir am nächsten Morgen weiterfahren wollten. Bei einem späteren Aufenthalt in München habe ich im Vorbeifahren das Hotel der beiden Herren gesehen, es war klein, unauffällig, lag in einer Nebenstraße.

Das tun wir sonst nie, aber mit Herrn K. haben wir die Anschriften getauscht, er wohnt in Jerusalem, in der Choveve Zion Street. Ich war nicht dazu gekommen, ihm von meiner Jerusalem-Reise zu erzählen, und so weiß ich nicht, ob die Choveve Zion Street wirklich zum Berg Zion führt. Von meinem Hotelzimmer aus blickte ich zum Berg Zion, nachts, vor allem nachts, wenn die Altstadt angestrahlt war, wenn der Mond von einer Zeder zur anderen wanderte, wenn die Lichtkugeln der Militärposten den Himmel über der Wüste erhellten. Ich schlief wenig. Einmal klingelte gegen Mitternacht das Telefon, das ich noch nie benutzt hatte, ich sagte: Hallo! und hörte deine Stimme, und du sagtest: Hallo! und ich rief: Wie geht es dir? und du riefst: Wie geht es dir? Und immer nur: Hallo! und: Wie geht es dir? und: Da bist du ja! Und dann: Schlaf gut! und aufgelegt, wir sind nicht gewohnt, miteinander zu telefonieren. Beim Frühstück habe ich aus der ›Jerusalem Post‹ erfahren, warum du mich angerufen hast, und später, als ich nach Hause zurückgekehrt war, hast du es mir bestätigt. In den Spätnachrichten des Fernsehens hattest du Bilder aus Jerusalem gesehen. Bomben waren in der Altstadt explodiert, es hatte Verwundete gegeben. Warum hättest du mich beunruhigen sollen, du hattest meine Stimme gehört, das genügte doch.

Wenn sich die Dämmerung im Kidrontal ausbreitete, habe ich manchmal auf dem Berg Zion gestanden; ›Dimdumin‹, die Dämmerung, die so traurig macht, wie Else Lasker-Schüler aus Jerusalem schreibt. ›Das Leben geht Hand in Hand mit dem Tod . . . Es ist keine Wärme hier, die wandert von Haus zu Haus, kein Haus verwandt mit dem anderen Haus.‹ ›Ben Jehuda Street‹ steht über ihren Briefen, sie hat im Hotel ›Atlantic‹ gelebt, keine Wohnung gesucht, kein Haus, wir haben hier keine bleibende Statt, auch nicht in Jerusalem. ›Ich möchte fallen und steigen wie ein Vogel‹, schreibt sie. Aber sie saß in einem Käfig, und der Käfig war nicht golden.

In einer der Nächte hatte ich einen schönen Traum. Ich stand mit anderen, mir unbekannten Menschen in einem hohen, hellen Saal, es gab weder Kanzel noch Altar, aber es war ein Gotteshaus, eine Eucharistie-Feier fand statt. Kinder gingen mit Körben herum, wer in den Korb greifen durfte, nahm einen Brotfladen heraus, groß wie ein Mond, mit Augen, Nase, Mund, ein Mondgesicht. Wer ein Brot bekommen hatte, nahm es zwischen die Zähne und ging damit zu dem, der neben ihm stand, und erst, wenn jener das Brot ebenfalls mit den Zähnen festhielt, konnte er selbst abbeißen, und so ging das Brot von Mund zu Mund; ich wartete, daß einer auch zu mir kommen werde, und es kam einer, und ich nahm das Brot zwischen die Zähne und reichte es weiter, biß ein Stück ab und aß es. Keiner sprach. Eine Kommunikation ohne Worte. Ein Augenblick der Verständigung und Übereinstimmung. Ich wachte auf und fühlte mich gesättigt. Habe ich dir diesen Traum nie erzählt? Es ist ein Traum zum Weiterreichen.

Manchmal schreibe ich Briefe nach Jerusalem in die Choveve Zion Street, nicht oft. Herr K. antwortet handschriftlich, eine Schreibmaschine wird er nicht besitzen. Er füllt mehrere Briefseiten mit dem Bericht über eine Musiksendung. Er hat ›Die schweigsame Frau‹ von Richard Strauss gehört, hat sich an einem Radio-Musik-Quiz beteiligt, das tut er oft, und oft gehört er zu den Gewinnern. Er schreibt: ›Wenn man Ihre »ungehaltenen Reden ungehaltener Frauen« einmal verfilmte, könnte man die Musik dieser Strauss-Oper als Background verwenden. Die schweigsame Frau.‹

Im vorigen Sommer ist Herr K. in Berlin gewesen, zusammen mit 250 ehemaligen Berliner Juden, aus ›aller Herren Länder‹, wie er schreibt, eingeladen vom Oberbürgermeister der Stadt. Es sei sehr heiß in Berlin gewesen, berichtete er später; ich weiß es, ich war in jener Woche ebenfalls in Berlin. Er wohnte in einem guten Hotel, aber ohne Klimaanlage, an die er gewohnt ist, er war wohl auch fiebrig. Er vergleicht sein Zimmer mit den Bleikammern Venedigs, nur mit viel Luxus ausgestattet. Venedig dient uns als Code. Empfang im ›Kempinski‹, Dampferfahrt auf der Havel zum Wannsee. ›Wahnsee‹, schreibt er, ›besser, es hieße Wahnsee.‹ Er schreibt von der Wannsee-Konferenz am 20. 1. 1942, bei der die Endlösung für die Juden beschlossen wurde. Weder Datum noch Ort hatten sich bisher meinem Gedächtnis eingeprägt; nun haben sie es. Nach fünfzig Jahren sah Herr K. Berlin wieder, und ›die Erinnerung wandelte sich zur Pein‹. In der Gedächtniskirche habe er Kühle und Stille und Musik gefunden. Ob wir uns erkannt hätten, wenn wir uns in Berlin begegnet wären, in der Gedächtniskirche?

›Könnte ich schreiben über alle diese Menschen, Freunde, Begebenheiten!‹

steht in seinem letzten Brief. ›Zu all den Schicksalen und Charakteren braucht man gar nichts hinzuzufügen. Jeder Mensch ist ein Roman für sich. Der Schriftsteller braucht nur mit kritischem Blick die Dinge zu erfassen und in die richtigen Worte zu prägen. Aber darin liegt sein Geheimnis und sein Erfolg.‹

Ich habe eine Adresse in Jerusalem. Choveve Zion Street. Vielleicht werde ich noch einmal durchs Damaskustor gehen? Aber unter keinem seiner Briefe steht: Besuchen Sie uns in Jerusalem! Wohnt er dort überhaupt? Ist er denn nicht unterwegs? Sitzt er nicht immer in diesem Eisenbahnabteil und fährt und fährt, im Kurswagen von Venedig nach München . . .?

THE BLUE CHURCH

Wenn ich in Berlin, Bahnhof Zoo, aussteige, werde ich von meiner Lektorin erwartet, sie hat einen Blumenstrauß in der Hand und freut sich über mein Kommen, daran habe ich nie gezweifelt. Wir reden uns mündlich und schriftlich mit ›liebe Lektorin‹ und ›liebe Autorin‹ an. Manchmal erwartet mich auch der Verleger, und dann und wann stehen sie sogar zu zweit auf dem Bahnsteig . . .

Ich bin oft in Berlin, mehrmals im Jahr, und ich frage mich, warum ich dort keine Wohnung habe. Ich würde gut nach Berlin passen und Berlin zu mir, hat man mir oft gesagt, allerdings setzt man hinzu: zwanziger Jahre, Berlin-Grunewald, eine Jüdin mit einem literarischen Salon, einem Jour fixe. Mit Mascha Kaléko hätte ich mich vermutlich gut verstanden; Bleibtreustraße, das ist eine schöne Adresse, und so nah am Kurfürstendamm. Und dann Else Lasker-Schüler, die oft umgezogen ist, die Zeit war unruhig, die Stadt war unruhig, und sie selbst war es auch. Motzstraße 7, diese Adresse habe ich behalten; es heißt, daß sie alle ihre Möbelstücke in Richtung Jerusalem aufgestellt hatte, Südsüdost also. Später, als Emigrantin, war sie in Jerusalem unglücklich. Ich hätte abends in jene Eckkneipe gehen können, in der Gottfried Benn sein Bier trank, aber ich hätte mich natürlich nicht zu ihm gesetzt. Er brauchte Distanz, und ich lebe auch auf Distanz, darum fallen mir wohl auch nur die Namen der toten Kollegen ein, mit denen ich gern in derselben Stadt gelebt hätte. Mit Ingeborg Drewitz bin ich nie in Berlin zusammengetroffen; als ich sie zu einem Fest einlud, lag sie bereits im Sterben. An Hugo Hartungs Berliner Adresse, die er sein ›Winterquartier‹ nannte, habe ich immer nur Briefe geschrieben.

Ich reise mit leichtem Gepäck, ich bleibe nie lange. Die Lektoratsbesprechungen dauern viele Stunden und werden nur von ausgedehnten Arbeitsessen unterbrochen. Ich habe eine Verlagsadresse, dort kann man mich brieflich erreichen. Seit einiger Zeit habe ich nahe am Zoo ein Hotel, in dem ich zu wohnen pflege, ›absteigen‹ nannte man das früher, mein pommerscher Onkel pflegte auch in immer demselben Berliner Hotel abzusteigen. Ich muß keinen Meldezettel ausfüllen, man reicht mir den Zimmerschlüssel, ohne daß ich meine Zimmernummer angeben muß, es liegen oft Botschaften an mich im Fach. Wenn mein Zimmer nach Norden geht, sehe ich morgens als erstes ein Kamel, manchmal mehrere; geht das Zimmer nach Osten, sehe ich nichts als Beton, Glas, Stahl, die Rückseiten anderer Hotels. Einmal, als ich an einem heißen Sommernachmittag ankam und als erstes die Vorhänge aufzog, sah ich in einen übervölkerten Garten Eden. Junge, schöngebräunte Menschen beiderlei Geschlechts lagerten unbekleidet auf Betonmauern und Brüstungen. Das Schwimmbecken sah man nicht, auch keine Sonnenbänke, nirgendwo etwas Grünes, nur diese schöne menschliche Nacktheit. Wer mich an diesen Sommertagen in meinem Hotelzimmer besuchte, den ließ ich einen Blick aus dem Fenster werfen und freute mich an seiner Überraschung. Das ist Berlin!

Es muß ein Wintertag gewesen sein, es dämmerte, als ich von der Gedächtniskirche zum Hotel zurückging; es waren viele Autos, aber wenige Menschen auf der Budapester Straße unterwegs. Ein Betrunkener kam mir entgegen, ich wollte ihm ausweichen, aber er hielt schwankend auf mich zu, blieb stehen und sagte sehr höflich: »Entschuldigen Sie, gnädige Frau, ist es noch so weit?« Ich antwortete, ebenfalls höflich: »Ja, es ist noch so weit.« Und er entgegnete: »Ich danke Ihnen vielmals für diese Auskunft, gnädige Frau!«

Ich bin oft allein nach Berlin gereist, eine berufstätige Frau, die in Berlin zu tun hat. Zwischen den Tagesverpflichtungen und den Abendunternehmungen bleibt mir meist noch eine Stunde Zeit, die ich allein verbringe. Ich gehe dann durchs Europa-Center, ein Stück Kurfürstendamm entlang bis zur Uhlandstraße, dort drehe ich um und kehre auf dem Rückweg in der Gedächtniskirche ein. Ich habe sie nie als ›Kaiser-Wilhelm-Gedächtniskirche‹ gekannt, und von der Vergangenheit eines deutschen Kaiserreichs spüre ich dort nichts mehr. Ich empfinde aber: Gedächtnis. Ich halte dort Einkehr, sitze im blauen Oktogon, manchmal bei Orgelspiel. Ein paar Besucher gehen umher, setzen sich aber nach kurzer Zeit, zu besichtigen gibt es nicht viel. Es ist kein Museum, es herrscht ansteckende Stille. Die doppelten Mauern der Kirche halten den Verkehrslärm fern, sorgen zugleich für günstigen Lichteinfall, der die farbigen Glasfenster belebt; jedes anders, jedes ein Kunstwerk, mehr als zwanzigtausend Möglichkeiten in Blau. ›The blue church‹, sagen die Amerikaner, die Gedächtniskirche gehört zum Berlin-Programm.

Man benötigt keinen Kunstführer, die Geschichte der Kirche ist nicht lang. Vor der Zerstörung war der Turm der höchste Kirchturm von Berlin, der Stumpf ist nur noch halb so hoch; ›hohler Zahn‹, sagen die Berliner. Zu jeder vollen Stunde ertönt ein Glockenspiel, dessen Melodie von Prinz Louis Ferdinand komponiert wurde, ein Hohenzollern-Nachfahre. Also doch: Gedächtnis. Die Kirche wurde am Abend eines Totensonntags zerstört, am Nachmittag hatte der Pfarrer über das Wort ›alles vergeht‹ gepredigt. Eingeweiht wurde die ehemalige Kirche zum 25. Gedenktag an Sedan, Sieg der deutschen Truppen über die französischen Truppen, Siebzigeinundsiebzig. Die Zerstörung übernahmen amerikanische und englische Luftwaffenverbände. Dazwischen liegt die Niederlage gegen Frankreich, das Ende des Kaiserreichs. Auch im Zweiten Weltkrieg gehörten die Franzosen zu den Alliierten Streitkräften, den Gegnern Deutschlands. Am Ende schließt sich dann doch der Kreis. Gedächtnis.

Wir fahren jetzt manchmal zu zweit nach Berlin, beide zu Verlagsgesprächen, die Arbeitsessen vereinen uns dann wieder. Gegen Abend sitzen wir nebeneinander in der Gedächtniskirche. Auch diesen Platz teile ich gern mit dir. Bald nach der Rückkehr von einer Berlinreise hast du dieses Bild gemalt, eines der Transparentbilder. Wenn ich es gegen das Licht halte, ruft mir mein Gedächtnis ›Berlin‹ zu. Du hast mir das Bild geschenkt, aber erst nachdem wir in langen, vernünftigen Gesprächen beschlossen hatten: keine Wohnung in Berlin, kein zweiter Wohnsitz, nichts mehr, was uns auseinanderführt, was uns zerstreut, zersplittert.

Wir müssen uns jetzt auf den Rest unseres Lebens konzentrieren.

DER LEUCHTTURM ALS LEBENSZEICHEN

Was schreiben Sie mir da, Gunther? Die Beschäftigung mit Literatur sei überhaupt kein Beruf, sondern ein Fluch? Wen zitieren Sie? Tonio Kröger? Woher will er das wissen, er ist sechzehn Jahre alt; Sie sind nicht einmal zehn Jahre älter und wissen es daher auch noch nicht. Sie wohnen in Neukölln und blicken aus dem vierten Stock in einen Berliner Hinterhof, lesen über Tonio Kröger und über seinen Erfinder Thomas Mann und lesen dessen unpolitische Betrachtungen. Wissen Sie: Ich bin hier in Bornholm von lauter Hans Hansens umgeben, denen es nichts ausmacht, daß es naß und windig ist. Und die Mädchen sehen aus, als ob sie Inge hießen, aber vermutlich heißen sie Natascha oder Nicole, blauäugig sind sie alle und ›in Ordnung‹, hätte Ihr Tonio Kröger gesagt, verächtlich gesagt. Mit Ihren langen schwarzen Haaren würden Sie hier ›liederlich‹ wirken. Schon auf dem Schiff habe ich mich gewundert, daß man die Dunkelhaarigen einreisen läßt. Trug dieser Hans Hansen nicht eine dänische Schiffermütze?

Dieses Bornholm ist eine schöne und vielbegehrte Insel, um Ödland würde sich keiner bemühen. Schon die Wikinger wollten sie haben und die Lübecker auch; die Schweden hätten gern eine glückliche schwedische Provinz daraus gemacht; die Deutschen haben sich erst im Zweiten Weltkrieg dafür interessiert; die Russen haben sie besetzt, als der Krieg überall schon beendet war. Die Deutschen sind abgezogen, die Russen sind auch wieder abgezogen, ein paar Bunker und ein paar Gräber blieben als Hinterlassenschaft zurück. Und jetzt wird die Insel in jedem Sommer friedlich von den Touristen besetzt. Neben jedem – fast jedem – Ferienhaus steht ein deutscher Mercedes; aus den verschiedensten Gründen bin ich froh, daß neben unserem Haus der kleine rote Saab der schwedischen Freunde steht.

Im Norden der Insel sieht es aus wie in Schottland, behauptet ohk, der es wissen muß. Wir stehen über der Felsküste, starren hinunter in die Brandung, wundern uns, daß das die Ostsee sein soll: schäumender Gischt und schartige Klippen.

Nur selten reißt der Himmel auf und zeigt, was an Bläue möglich wäre. Die Dünenrosen blühen und duften wie auf Juist. Wir haben jenen Feigenbaum besichtigt, an dem auch wirklich einige Früchte reifen; er wird als Beweis für die Wärme der Sommer auf Bornholm in jedem Prospekt erwähnt. Aber zur Zeit zeigt das Thermometer morgens 12 Grad und mittags 15 Grad, und wie kalt die Ostsee ist, wissen wir noch gar nicht. Wir werden blasser und blasser wie die mittelalterlichen Fresken an den Kirchenwänden. Ein Wetter zum Kirchenbesichtigen! Die weißen Rundkirchen sind es ja auch wert. Man macht es darin dem lieben Gott behaglich, hat weiße Nesselvorhänge aufgehängt und Blumenstöcke in die Nischen gestellt. Es sind Mehrzweckkirchen, der untere Raum für den Gottesdienst, die oberen Stockwerke als Zuflucht für die Frauen und Kinder in Kriegszeiten; aus den Schießscharten konnte man sogar schießen, und in den dicken Säulen bewahrte man die Vorräte für Notzeiten auf. Jetzt dienen die Kirchen vornehmlich als Foto-Motiv: weiße Kirche vor gelbblühendem Raps.

Bornholm ist ein Freilichtmuseum, das mit dem nötigen – nicht mit unnötigem – Komfort ausgestattet wurde. Eine Selbstbedienungs-Insel. Der Tourist erhält frühzeitig eine Kontonummer, auf die er die Miete für das Ferienhaus einzahlen muß, dann holt er sich an einer angegebenen Stelle den Schlüssel ab, mehr ist nicht nötig. Er reinigt das Haus selbst, er kauft im Selbstbedienungsladen ein, er kocht und brät und heizt den Kamin selbst. Man fühlt sich gleich wie zu Hause. Mitten im Wald kann man sich aus einem Schließfach die Post abholen, dort kann man auch telefonieren und kann sich sogar anrufen lassen. Wo die frischgefangenen Fische geräuchert und verkauft werden, riecht man. Man darf zusehen, wie Glas geblasen wird, wie Töpfe auf Töpferscheiben gedreht werden, wie Schafwolle verwebt wird, man kann das alles kaufen, muß es aber nicht. Man hat Radwege für die Touristen angelegt, damit sie weniger stören, man hat Abfallbehälter aufgestellt, damit sie die Insel selber sauberhalten. Einheimische und Fremde haben sich weitgehend voneinander unabhängig gemacht. Die Fischerdörfer sind wie Ansichtskarten, alles ist verwinkelt, nichts ist rechtwinklig; vor den bunten, einstöckigen Fachwerkhäusern stehen die Stockrosen aufgereiht und wachsen bis zum Dach. Das ist alles sehr reizend und sieht sehr gemütlich aus.

Wenn es nicht regnet, spielen wir Boccia unter den Kiefern. Wir singen Volkslieder zur Gitarre, mal schwedisch, mal deutsch. Wir pflücken Blumensträuße am

Wegrand und wilde Kirschen und Himbeeren. In den Dünen gibt es ein Goldammerpärchen, das singt Duette; eine vogelkundige Dänin aus Kopenhagen behauptet, sie sängen einen Bornholmer Dialekt. Es ist ein Landaufenthalt geworden, und wir wollten doch an die See! Jeden Tag wandern wir mehrere Stunden auf gut markierten Wegen. Im Inneren der Insel gibt es Landwirtschaft mit Weizen und Kartoffelfeldern, aber auch Laubwälder; Seerosenteiche wie von Monet, die wir auf Holzstegen überqueren. Felspfade, Graswege, auch Sandwege.

Ich habe mir in Rønne eine deutschsprachige Zeitung gekauft und daraus erfahren, daß Basilikum ein unentbehrliches Zaubermittel gegen die mitteleuropäische Melancholie sei, im Süden benutze man das Kraut auch für den Tomatensalat. Woher soll ich Basilikum nehmen? Hier wächst nur Dill und Petersilie in den Gärten; die Bornholmer binden Sträußchen daraus, bündeln ein paar Karotten zusammen, tüten sandige Frühkartoffeln ein und bauen einen Kinderkaufmannsladen am Straßenrand auf. Da bedient man sich wiederum selbst und legt die geforderte Anzahl an Öre in die bereitgestellte Zigarrenkiste. Die Welt als Selbstbedienungsladen; so hat der Mensch sie von Anfang an betrachtet und behandelt. Das Wort behandeln kommt von Handel!

Wir schreiben Ansichtskarten, auf denen steht, daß es ein Wetter zum Ansichtskartenschreiben ist, daß wir immerhin ein geschlossenes Dach und einen offenen Kamin haben und daß der Regen uns Gelegenheit bietet, unsere Charaktere zu erproben. ›Wotan was here‹, schreiben wir an die Freunde, die demnächst nach Bayreuth zu den Festspielen fahren. ›Das einzige, was noch trocken ist, ist der französische Rotwein, den wir im Supermarkt zu Superpreisen kaufen!‹

Doch, Gunther, doch, es gibt im Haus eine kleine Bibliothek, erlesen im Sinn des Wortes ist sie nicht. Michael Endes ›Unendliche Geschichte‹ auf schwedisch, ein Band Doris Lessing, ins Dänische übersetzt. Die Titel der deutschsprachigen Bücher nenne ich lieber nicht, der Rücktransport hat sich wohl nicht gelohnt. Um das Niveau zu heben, werde ich meine Lektüre zurücklassen. Ich will hier nicht lesen und schreiben! Ich will hier leben! Nun fragen Sie mich bitte nicht wieder, ob das nicht ein und dasselbe sei! Leben – schreiben – lesen. Es muß Sommerpausen geben! Wie war das bei Tonio Kröger? Dieser Hans Hansen wollte tanzen, und Tonio Kröger wollte schlafen, oder umgekehrt? Ich wollte in der Sonne liegen und wollte im Meer schwimmen –

Der Brief blieb liegen . . .

An einem der Regentage zogen wir uns abends warm an, legten uns auf die Liegestühle unterm Vordach und schalteten das Rundfunkgerät ein. Aus unserer Kirche in Åkirkeby wurde vom Kopenhagener Rundfunk ein Konzert übertragen; die Kirche liegt nur wenige Kilometer von unserem Haus entfernt, aber das Konzert war ausverkauft. Barockmusik, von einem berühmten schwedischen Quartett aus Drottningholm gespielt. Pergolesi, Bach. Derweil rötete sich hinter den schwarzen Kiefern der Himmel. Die Sonne, die doch nicht aufgegangen war, ging mit Gepränge unter. Die Welt in Flammen. Der Widerschein legte sich auf unsere Gesichter. Wir waren illuminiert. ohk griff zum Notizblock und schrieb die Farben auf, in denen er später, zu Hause, dieses Bild malen wollte. Schwarz und Rot. Er kam mit zwei Farben aus. ›Leuchtturm‹ schrieb er an den Rand. Er meinte irgendeinen Leuchtturm, nicht den, der in Dueodde-Snogebæk steht, östlich von uns, zu dem wir unseren Abendspaziergang machen. Der Leuchtturm als Lebenszeichen: Die Insel ist bewohnt.

Als wir am nächsten Morgen aufwachten, war dann Sommer, da erfüllten sich alle Weissagungen über Ferien auf Bornholm. Weiße Rundkirche vor goldenem Weizenfeld; hie und da eine weiße Windmühle hinter einem Haferfeld. Seither gehen wir nur noch bis zu den sonnenwarmen Kuhlen in den Dünen, schwimmen im Meer. Die Hans Hansens und die Mädchen, die nicht Inge heißen, stehen auf Surfbrettern und lassen das blonde Haar im Wind wehen. Wir kaufen keine Zeitungen mehr, wir kümmern uns nicht mehr um die Geschichte Bornholms und nicht um die Weltgeschichte. Manchmal hat einer von uns einen ›Bernsteintag‹, dann macht er sich allein auf den Weg, geht den langen, flachen Strand entlang. Nein, es gibt hier keinen Bernstein, man sucht ja oft nach etwas, das es nicht gibt, wir nennen es Bernstein. Der Sand, der aus meinem Briefumschlag auf Ihren Schreibtisch gerieselt ist, stammt von unserem Strand, dorther, wo auch die Mönche des Mittelalters ihren Sand zum Löschen der Tinte bezogen haben, er ist sehr weiß und knirscht unter den Füßen wie verharschter Schnee. Bevor wir abends unser Haus betreten, schütten wir den Sand aus den Schuhen; die früheren Bewohner des Hauses müssen das ebenfalls getan haben, neben der Tür befindet sich bereits eine kleine Düne.

Die Blonden haben recht, Gunther! Fahren Sie in den Süden, wo Sie hingehören, sobald Sie mit Ihrem Referat über diesen Tonio Kröger fertig sind. Oder, noch besser: Schreiben Sie weiter an Ihrem Buch. ›Student in Neukölln‹!

Schreiben ist eine der besten Arten zu leben. Über das Leben schreiben.

Ihre c. b.

DER KÖNIG VON ORPLID HEISST WRIGLEY

Den Atlantik überquert, nicht mit dem Flugzeug, sondern mit dem Schiff; den nordamerikanischen Kontinent mit dem Auto durchquert, Prärie und Rocky Mountains nicht mit dem Flugzeug übersprungen, die Erde nie verlassen, immer westwärts, dem Lauf der Sonne folgend, den Sonnenuntergang verlängert, soweit es die Geschwindigkeitsbegrenzung zuließ. Und dann der Ozean! Es war kein Halten mehr, ich wollte weiter, wollte Amerika hinter mich bringen, man sah Catalina Island liegen, ein Katzensprung für jemanden, der seit Wochen unterwegs war und die zurückgelegten Seemeilen und Straßenmeilen an jedem Abend addiert hatte. In San Francisco hatte ich Christoph Kolumbus gegenübergestanden, der jedem, der bis hierher gekommen ist, seine Aluminiumhand entgegenstreckt. Ich habe ihm meine Kapitulation erklärt, ich bin keine Christophora Kolumba, ich habe Amerika nicht erobert. Amerika hat mich erobert. Und dann Catalina! Orplid, mein Land, das ferne leuchtet! Inseln, darin kenne ich mich aus, da habe ich langjährige und vielfache Erfahrungen, da wächst mein Zutrauen und mein Selbstvertrauen.

Felsküsten, aber die Berge bewaldet, schöne Buchten, in denen bunte Boote liegen. Palmen, Agaven und Kakteengärten. Riviera auf amerikanisch. Es riecht nach Popcorn. Ein wenig Disneyland. Have fun! als Begrüßung. Have fun! zum Abschied.

Mein rettendes Eiland gehört dem Kaugummikönig Wrigley. Kaugummi gab ich für Erde.

Und immer noch Orplid und Mörike im Sinn: ›Vor deiner Gottheit beugen/ Sich Könige, die deine Wärter sind.‹

Heißt der König von Orplid nicht mehr Ulmon, sondern Wrigley? Bleibt vom Märchenland Orplid nur märchenhafter Reichtum? ›Neugierige Delphine fahren rauschend am Strand herauf!‹

So war es, zumindest beinahe. Wir sind mit einem gläsernen Boot nachts aufs

Meer hinausgefahren. Wir haben Delphine und springende Fische gesehen. Und auf den Felsen lagerten Seelöwen, von Scheinwerfern vorteilhaft ausgeleuchtet.

Ich reiste mit Sigrid Bauschinger, die erfahren ist in Amerika und belesen in deutscher Literatur; sie lehrt an einer Universität in Neu-England, man konnte mit ihr über Wrigley und über Mörike und Orplid reden.

Die Bungalows an den schönen Küstenstraßen, im spanisch-mexikanischen Stil erbaut, lagen in tropischen und subtropischen Gärten. Vor einem Bungalow, dessen Tür- und Fensterläden geschlossen waren, saßen wir lange in spanischen Gartenmöbeln. Hier sollte Zane Grey gelebt haben, aber hat er wirklich auf Catalina seine Wild-West-Romane geschrieben, die schon zu Beginn unseres Jahrhunderts weltberühmt waren? Dies ist ein Reiseziel, ein Endpunkt. Er wird hier verzehrt haben, was er andernorts verdient hat. Unsere Literaturkenntnisse reichen nicht bis zu Zane Grey, der Unheil und Schrecken für jene erfunden hat, die, um sich zu fürchten und zu unterhalten, Wild-West-Bücher lesen müssen.

Nur ein schmaler Küstenstreifen ist den Touristen zugänglich, der Rest ist Wildnis. Wer mehr sehen will, benötigt die Erlaubnis des Sheriffs, muß sich abmelden und muß sich zurückmelden. Wo der Weg endet, beginnt einer der breiten fire-pads, die man durchs Buschwerk geschlagen hat, um die verheerenden Feuersbrünste unter Kontrolle zu bekommen. Wir gingen auf einem steilen, schnurgeraden und schattenlosen Feuerpfad; um neun Uhr morgens standen schon sieben Sonnen am Himmel. Kein Mensch war außer uns unterwegs, aber es mußte noch jemand vor uns den Berg bestiegen haben: ein wohlerhaltenes T-Shirt war über einen Busch gehängt, und nach einer weiteren halben Stunde bergauf sahen wir ein zweites T-Shirt auf einem Busch hängen. Unvermutet standen wir, nur durch eine schmale Schlucht getrennt, einer Herde wilder Ziegen gegenüber, so nahe, daß wir in ihre Goldaugen blicken konnten. Die Tiere waren schön und sie waren neugierig und fürchteten sich vor uns wie wir uns vor ihnen. Wir ließen den Leitbock nicht aus den Augen, und er ließ uns nicht aus den Augen; keiner wagte es, dem anderen den Rücken zu kehren. Wessen Neugier, wessen Furcht währte länger? Ich weiß es nicht mehr.

Am Schnittpunkt der Feuerpfade auf dem Höhenrücken machten wir halt. Die sieben Sonnen standen senkrecht über uns. Die Insel war überschaubar, nach allen Himmelsrichtungen nur noch Pazifik, von keiner Horizontlinie begrenzt,

Wasser und Himmel und Licht waren eins. Asien im Westen, Amerika im Osten. Mein Weltbild geriet ins Schwanken.

Hier komme ich nie wieder hin, dachte ich, sagte es auch, stand da und sagte: Hier komme ich nie wieder hin. So weit weg war ich noch nie gewesen, so weit weg wollte ich nie wieder sein. Ein Gelübde, an das ich mich gehalten habe.

›Ein Mensch lebt seiner Jahre Zahl,
Ulmon allein wird sehen
den Sommer kommen und gehen
Zehnhundertmal.‹

Aber das sind Worte eines Königs von Orplid.

Am Nachmittag machte sich ein kleiner Wind auf. Die beiden T-Shirts hingen noch über den Sträuchern. Wir waren rechtzeitig beim Sheriff. Kein Hubschrauber mußte nach den beiden Touristinnen suchen.

Die Frage: Did you enjoy Catalina Island? habe ich bejaht.

UND IMMER WIEDER LAPPLAND

Immer wieder kommst du auf deine nordische Welt zu sprechen, die du durchwandert hast, als du jung warst, zum großen Teil zu Fuß: Island, Irland, Schottland, Norwegen. Und immer wieder: Lappland. Immer wieder taucht Lappland auch auf deinen Bildern auf, die Mittsommernacht, die Erde am Anfang, die nackten grauen Berge, das grüne Licht des Himmels, der sich in einsamen Seen spiegelt, eine Landschaft ohne Menschen, es sei denn in Form ihrer Hervorbringungen wie den Leitungsdrähten eines Kraftwerkes. Ich habe sie, die Leitungsdrähte, ins Bild gebracht als geometrische Gegenwelt zu dem rein Terrestrischen, erklärst du, sie bringen Spannung in das Bild. Hochspannung sogar! sage ich. An einem Ende stellen Menschen Strom her für Verbraucher am anderen Ende. Du entfernst dich von mir, wenn du von Lappland sprichst.

Manchmal holst du deine alte Wanderkarte von Lappland aus der Schublade, sie ist abgenutzt, schadhaft, durch Sumpf- und Regenwasser und Wind. Die Namen klingen wie das Geraune von Schamanen: Kaitumjaure, Kivsavagge, Jokokaskajtjokko . . . Die Namen rufen Erinnerungen in dir wach, du kommst ins Erzählen, schilderst eure Wanderung, wie ihr, du und Ulla, der deutsche Student und die schwedische Studentin, euch in Stockholm getroffen habt, mit der Bahn bis Abisko gefahren seid, euch in der Tourist-Station für vier Tage mit Proviant versehen habt – so lange dauert die erste Wanderstrecke bis zur nächsten Tourist-Station –, auch mit Gummistiefeln und Dschungelöl wegen der Sümpfe und Stechmücken, vor allem mit der Wanderkarte, auf welcher der ›Kungsleden‹, der ›Königsweg‹, verzeichnet ist. Ihr wart im breiten Stechmückengürtel unterwegs, der sich um die nördliche Halbkugel der Erde legt und Sibirien mit Alaska und Grönland verbindet.

An den Kungsleden muß man sich halten, sagst du, dann findet man Stege, die über die reißenden Gewässer führen, oder es liegen Kähne am Ufer der Flüsse, und im Abstand von Tagesmärschen findet man Hütten zum Übernachten. Der

Weg ist markiert, mit aufeinandergetürmten Steinen. Wenn man diese kleinen Pyramiden, diese Trolle, aus den Augen verliert, verirrt man sich schnell in den Sümpfen oder in den Gletschern. Man könnte keine Zeichen geben, man würde mit seinem Rufen nur wilde Rentiere, Bergmöwen oder Haselhühner aufschrekken, vielleicht sogar einen Bären. Hat man mit dem Kahn einen Fluß überquert, dann bringt man, bevor man weiterwandert, den zweiten Kahn, der am Ufer angepflockt ist, ans andere Ufer; es muß ja auf jeder Seite des Flusses ein Kahn liegen, nicht alle Wanderer gehen in derselben Richtung. Neben den Hüttentüren hängt der Schlüssel, auch das notwendige Gerät zum Wasserkochen ist vorhanden, in den Schubladen findet man Kaffee und Zucker. Auf der Heimreise sucht man in Stockholm das Büro des Wanderclubs auf, der diese Hütten unterhält, und zahlt seinen Anteil für die Benutzung, alles ungebucht, auf Treu und Glauben.

Das hast du mir so oft geschildert, bis ich es nun auch vor mir sehe, das ›elfische Licht der Mitternachtssonne‹, die ›metallisch blinkenden Seen‹, den ›Prunk der Wasserfälle, seit Jahrhunderten von niemandem bewundert‹. Immer wieder kommt der Lyriker in dir zum Durchbruch, selbst wenn du von den weiten Geröllfeldern sprichst, die ihr mühsam überqueren mußtet, diesem ›zu Granit erstarrten Lärm‹, oder von den Stechmücken, deren ›leiser Orgelton‹ euch ständig umgibt. Beim Beschreiben des Mittsommers gerätst du ins Schwärmen: Monatelang war alles erstorben unter Eis, Schnee und dauernder Nacht. Jetzt lebt die Natur sich aus in dem kurzen Sommer, die Bergheide blüht, Flechten und Moose wuchern zu üppigen Polstern, im Birkengestrüpp leuchten die Multbeeren. Dies ist die Zeit, in der man durch Lappland wandern sollte. Ich würde es noch einmal tun, kämest du mit?

Wenn ich, die Liebhaberin des Südens, dann einwerfe: Aber die graue Öde, die Leere –, dann läßt du mich erst gar nicht ausreden, dann ist es, als gälte es, den Norden gegen den Süden in Schutz zu nehmen, dann sprichst du von ›grandioser Öde‹, von der ›kargen, verborgenen Schönheit, die man entdecken muß‹, von der ›Leere, die man selbst ausfüllen muß mit seiner Phantasie, mit den eigenen Bildern‹, stützt dich auf das Beispiel des Kruges, dessen Leere seine Fülle ausmacht. Und dann spricht der Maler aus dir. Ja, sagst du, alles ist grau, die Felsen, das Geröll, der Nebel, die Regenwolken, die Schneefelder, aber wenn man alle Farben mischt, Rot und Blau und Grün, Magnolie, Koralle, Pinie und den Azurhimmel, ergibt es Grau! Im Grau ist das alles enthalten . . .

Seid ihr auf eurer Wanderung jemals einem Lappen begegnet? frage ich.

Es gibt wenige, sagst du, die Berglappen sind Nomaden, und sie sind scheu den Touristen gegenüber, aber unser Wanderweg schnitt bisweilen ihre Wanderwege. Immer wieder stößt man auf ihre Spuren, leerstehende Erdhütten, Torfkoten oder Gestänge von Zelten. Es ist dann wie mit den Spuren ihrer Herkunft, die sich in der Weite Asiens, im Dunkel der Mythe verlieren, Rest einer mongolischen Rasse. In dieser Jahreszeit, in der wir wanderten, im Juni, sind sie schon lange droben im Gebirge, unter den Gipfeln, denn die Rentiere folgen dem zurückweichenden Schnee, an dessen Rand ihre Nahrung, die Flechten, am saftigsten ist. Nicht die Menschen nomadisieren, sondern die Herden, denen die Hirten folgen müssen. Aber die meisten Lappen sind längst seßhaft geworden und leben als Fischer oder Holzarbeiter an den Küsten, an den Flüssen und Seen; man trifft sie überall an, aber sie sind als Lappen nicht mehr kenntlich, es sei denn an dem kleinen Wuchs, der gelblichen Haut, den hervorstehenden Backenknochen, den dunklen Haaren, den geschlitzten Augen. Wir waren auf einem See, mit einem Motorboot unterwegs nach Kiruna, da trafen wir ein Lappenehepaar, der Mann im blauen Kittel und mit kugeliger blauer Wollmütze, die Frau mit Lederrock und roter Haube, aber sie trugen diese alte Kleidung nur noch als Tracht, darüber hatten sie durchsichtige Plastikregenmäntel gezogen. Wir kamen ins Gespräch. Der Mann hieß Jonas Jallock und war Lehrer, dazu Abgeordneter im Lappen-Landtag von Jokkmokk, der Hauptstadt der Lappen, der an Ostern zusammentritt, wenn die Berglappen noch anwesend sind. Den Winter über mieten sie sich bei ihren seßhaften Landsleuten ein und sind zu Ostern noch nicht wieder zu ihrer Wanderung aufgebrochen. Dann kommt auch der Pfarrer zu ihren Dörfern angereist und erledigt alles auf einmal, was den Segen der Kirche braucht, Konfirmation und Einsegnung der jungen Ehepaare, gleichzeitig werden deren längst geborene Kinder getauft.

Wenn in deinem Bericht spürbar wird, daß dort, in der nördlichsten Landschaft Europas, noch ein Rest unberührter Natur anzutreffen ist, eine der letzten unseres Kontinents, wenn du von der ›Urweltstille‹ sprichst und, selbst ein großer Schweiger, von dem ›großen Schweiger Lappland‹, dann verstehe ich deine Sehnsucht nach einem Land, in welchem ein Einwohner auf einen Quadratkilometer Erde kommt. Und wenn du davon berichtest, daß man dort die letzten Idealisten aller Länder als Wanderer antrifft und nebeneinander in den Hütten übernachtet, dann bin ich sogar einig mit dir: Dort oben, am Rande der Welt, spielt es keine Rolle mehr, welcher Nation man angehört, bis dorthin dringen die Wogen des Völkerhasses nicht. Die Lappen, erklärst du, haben nicht einmal ein Wort für ›Krieg‹. Wie sollte man ihnen klarmachen, was sich in der Welt draußen abspielt und was sich in den letzten Jahrzehnten in Europa ereignet hat!

Müßte ich jetzt einwenden, daß die radioaktiven Wolken auch Lappland verseucht haben? Hast du nicht gelesen, daß man davor gewarnt wurde, das luftgetrocknete Fleisch der Rentiere zu essen? Nichts bleibt, wie es einmal war. Wer malt, kann Tschernobyl außer acht lassen.

EINE EINZIGE WELT FÜR UNS ALLE

In jenem Sommer in Schweden, in Småland, als wir in einer verlassenen Mühle lebten, sind wir auf unseren Wanderungen in solche Birkenwälder geraten, da sah es aus wie in den Wäldern von Brjansk. Da hast du zum ersten Mal erzählt. Du bist keiner, der erzählt. Ich bin keine, die fragt. Weißruthenien, Wolhynien, Postenkette, Brückenkopf, das sind Vokabeln einer fremden Sprache für mich, eine Kriegssprache. Du lehntest mit dem Rücken an einer Schwarzerle und starrtest ins brakige Wasser. Ein Land ist parteiisch, hast du gesagt, selbst der Sumpf war noch auf ihrer Seite. Auch der Regen und der Frost. Wie Tiere sind wir durchs Dickicht der Wälder gekrochen, die Angst im Genick. Unsere Zeltplanen, in die wir uns nachts einrollten, schimmelten bei dem tagelangen Regen. Dann machten wir es den Partisanen nach, schälten die Rinde von den Birken, mannshohe Stücke, zwei Hälften, eine zum Drauflegen, eine zum Zudecken. Ein Sarg. Und darin lagen wir, hörten, wie der Regen und das Herz klopften, warteten, daß der Morgen kam. Die abgeschälten Birkenstämme verrieten unsere Marschroute und die des Gegners mit der Genauigkeit eines Kompasses und einer Uhr.

So ähnlich steht es auch in deinem Rußland-Tagebuch. Du liest diesen Abschnitt manchmal bei Autoren-Abenden. Er ist beeindruckend, ich sehe es an den Gesichtern der Zuhörer. Man betrachtet dich aufmerksam, schätzt deine Körpergröße ab. So große Särge? Werden Birken in Rußland so groß? Auch ich überlege, wie dick die Stämme der Birken gewesen sein müssen. Damals warst du schmal, hoch aufgeschossen, ein deutscher Leutnant, wie ich sie in Wochenschauen gesehen habe, ohne eigenes Gesicht, ein Zeitgesicht. Von mir gibt es ähnliche Bilder. Kinder. Wir waren Kinder unserer Zeit.

Du hast ›Nikolskoje‹ geschrieben, um nicht vom Rußlandfeldzug reden zu müssen, wie andere Männer es müssen. Und ihre Frauen und Kinder wollen nichts davon hören. Unwille und Ungeduld: schon wieder, mußt du schon wieder vom Krieg reden? Oft tun mir die Männer leid, weil sie nicht einmal darüber spre-

111

chen dürfen. Es ist gut, daß du das aufgeschrieben hast. Man hört dir zu, dir hört man zu, dir glaubt man. Die Überlebenden müssen reden, sie müssen schreiben. Die Toten des Krieges, die wirklich Betroffenen, können es nicht mehr. Bevor du anfängst, aus dem Buch zu lesen, liest du, was handschriftlich auf einem Zettel steht, den du vorn in dein Leseexemplar geklebt hast. Wir sitzen nebeneinander auf dem Podium, ich kann in dein Buch sehen; die Blicke der Zuhörer wandern von deinem Gesicht zu meinem Gesicht und wieder zurück, sie suchen nach Reaktionen.

»Ich lese aus meinem russischen Tagebuch ›Nikolskoje‹, das ich als 22jähriger Leutnant schrieb. Es umfaßt einige Monate des Sommers 1943, während ich als Führer einer Kosakenschwadron, also einer russischen Freiwilligeneinheit, im rückwärtigen Frontgebiet, in den Wäldern von Brjansk lag. Mittelpunkt der Aufzeichnungen ist die romanhaft anmutende, aber authentische Begegnung mit einer russischen Lehrerin, die als Partisanin aus den Wäldern zurückgekommen war, mit dem Auftrag, mich zu liquidieren.«

Und dann blätterst du und liest aus ›Nikolskoje‹. Und wenn du nach einer Viertelstunde – mehr mutest du dem Publikum nicht zu – das Buch zuklappst, dann blickst du in die Gesichter und sagst: »Ija Wittkowskaja. Sie hat mich mehr als drei Jahrzehnte nach Kriegsende durch das Deutsche Rote Kreuz suchen lassen. Seither schreiben wir uns Briefe.«

Ich sehe die Birken, deren Stämme so dicht beieinander stehen, daß man sich nur mit Äxten einen Weg bahnen könnte, aber ich sehe auch die Ufer des Sosch, und ich sehe Ija in ihrem gelben Kleid. Sie sollte dich töten und hat es nicht getan. Aber du hast sie in deinem Buch getötet, ein Gerücht hat genügt. Du hast einem Gerücht geglaubt. Sie hat sich mit einem Schuß in die Schläfe getötet, du selbst hattest ihr deine kleine Pistole zu ihrem Schutz gegeben; du hast ihr das gelbe Kleid angezogen, in dem du sie gern gesehen hast. Sie lag in einem Boot, das Boot war im Schilf hängengeblieben, war mit Wasser vollgelaufen, Pflanzen hatten sich um ihren leblosen Körper geschlungen. Solch einen Tod erfindet ein junger Dichter, nicht das Leben. Wie sich die Bilder gleichen! Brechts Ballade ›Vom ertrunkenen Mädchen‹ liest du mir manchmal vor. ›Als ihr bleicher Leib im Wasser verfaulet war/Geschah es (sehr langsam), daß Gott sie allmählich vergaß . . .‹ Und dann habe ich die flachen Ufer des Sosch vor Augen, die ich nie gesehen habe, nie sehen werde.

112

›Jeder Weg ist Trennung‹, schreibst du. Du hast sie sogar begraben, an jenem Wegrand vor Nikolskoje, wo schon andere Tote lagen, russische Partisanen, deutsche Soldaten, Usbeken und Kosaken, alle beieinander, und nun auch die junge Ija Wittkowskaja.

Du hast eure Liebe, die keine Zukunft hatte, begraben. Es war leichter für dich, an eine Tote zu denken. Du warst den Umgang mit Toten gewohnt. Selbst deine Phantasie hätte nicht ausgereicht, dir das Leben vorzustellen, das sie geführt hat, nachdem ihr weg wart, ihr Deutschen; du hattest das Dorf in den Wäldern von Brjansk schon früher verlassen, du lagst verwundet in einem Feldlazarett. Das Leben schreibt andere Romane, sucht sich andere Pointen. Eine Kollaborateurin! Sie ist geflohen, mit den deutschen Truppen und dann weiter nach Estland, und ist viele Jahre von ihrer Heimat ferngeblieben und erst zurückgekehrt, als vergessen war, was nicht vergeben wurde. Sie ist unverheiratet, sie hat keine Kinder, sie hat nicht wieder Lehrerin werden dürfen. Sie lebt jetzt in Minsk, eine Rentnerin. Sie ist so alt wie wir. Sie richtet ihre Briefe an uns beide, nennt mich Christine, ich nenne sie Ija, liebe Ija. Du bist kein Briefeschreiber, die Korrespondenz haben die Frauen übernommen. Ich denke oft, daß ich ihr verdanke, daß du lebst. Und was denkt sie? Eine Zeitlang hat sie gehofft, daß ihr euch wiedersehen, euch gegenseitig besuchen könntet. Sie ist noch immer eine Idealistin, die an Fortschritt glaubt. Sie hat der Schlußakte von Helsinki getraut, die das Zusammenleben von Staaten unterschiedlicher Gesellschaftsordnung neu regeln sollte. Immerhin hat diese Tagung der KSZE im Jahr 1975 bewirkt, daß sie dich über das Deutsche Rote Kreuz suchen lassen konnte; sie hat die Anschrift deiner Eltern die ganze Zeit in ihrem Gedächtnis aufbewahrt. Heidelberg. Mittlerer Gaisberg. Sie hatte schon einmal, von Polen aus, über eine Feldpostnummer an deine Eltern geschrieben – du warst zu dieser Zeit in russischer Gefangenschaft – und hat nach dir gefragt. Dein Vater hat ihr geantwortet und ihr mitgeteilt, du seist als vermißt gemeldet. Als du zwei Jahre später aus der Gefangenschaft entlassen wurdest und nach Hause zurückkehrtest, hat dein Vater nichts von Ijas Brief gesagt. Er hat dein Buch gelesen und nichts zu Ijas Tod gesagt, er hat das Geheimnis 18 Jahre später mit ins Grab genommen; du hättest nie davon erfahren, wenn Ija es dir nicht nach 36 Jahren in ihrem ersten langen Brief berichtet hätte.

Dieses Nikolskoje gibt es nicht, aber es gibt viele Dörfer in Rußland, die so heißen. Nikolausdorf, nach dem Zaren Nikolaus. Jener Ija hast du den Namen gelassen. Ija Wittkowskaja, es klingt wie eine Beschwörung. Sie kennt dein Buch, sie hat es sich übersetzen lassen, deine Sprache hat sie verlernt. Sie hat auf vielen Seiten des Buches ihren Namen gefunden. Sie möchte eure Geschichte aus ihrer Sicht darstellen, aber sie weiß, daß das nicht erlaubt wäre.

Nach dem Unglück von Tschernobyl hat sie uns einen Brief geschrieben. Sie legt jeweils ihren handschriftlichen Brief der deutschen Übersetzung bei; vielleicht gehorcht sie einer Anordnung, die wir nicht kennen. ›Am 26. 4. ist es auf der Atomstation passiert. Das ist ziemlich weit von uns, aber beunruhigt uns wie die ganze vernünftige Menschheit sehr. Unsere Regierung hat aber gleich konkrete Maßnahmen getroffen, um den Menschen zu helfen. Man kann sich nun vorstellen, wie groß das Unglück wäre, wenn so ein Unfall geplant würde. Dieser Fall hat uns noch einmal alle überzeugt, daß es kein Westen und Osten, sondern nur eine einzige Welt für uns alle gibt: so klein und so zart. Und wir sind alle verantwortlich dafür.‹

Ach, Ija! Damals in eurem Sommer haben sich die Partisanen in den Sümpfen verborgen, sind im Moorwasser untergetaucht und haben durch Schilfrohre geatmet, bis die deutschen Einheiten an ihnen vorbeigezogen waren. Oder sie haben sich in den Wipfeln der Bäume verborgen. Wenn in den Wäldern gekämpft wurde, prallten die Geschosse von den Baumstämmen ab, fleischzerfetzende Querschläger. Der Knall der Schüsse vervielfachte sich als Echo zu einem höllischen Lärm. Was für eine unsinnige und mühsame Vernichtung von Menschenleben. Wie einfach geht das heute. ›Nur eine einzige Welt für uns alle‹, hat Ija geschrieben, ›so klein und so zart‹.

›Vor lauter Bäumen den Wald nicht sehen‹, heißt es im Sprichwort. Aber im Krieg, sagst du, in dem man ständig das Ganze im Auge haben mußte, in dem es immer ums Große ging, um Staaten und Völker, um Weltanschauungen, sah man vor lauter Wald die Bäume nicht mehr: das einzelne Schicksal, die Liebe zwischen zwei Menschen unterschiedlicher Gesellschaftsordnungen hat darin keinen Platz.

›Wir müßten einfach tun, was notwendig ist, sein wie die Bäume, die Wälder und Wolken, einfach da-sein, da-stehen, dahin-ziehen‹, das hast du geschrieben, als du 22 Jahre alt warst.

114

115

BIS AN DER WELT ENDE

Wir hatten unsere Vorstellungen, als wir im frühen September in die Bretagne fuhren: der Himmel grau und das Meer grau, stürmische Winde, Nebelnässe. Wir fuhren nach Finistère, ans Ende der Erde: Finis terrae.

Das erste Bibelwort, das sich mir eingeprägt hat, stand in der Kirche, in der mein Vater predigte. ›Siehe, ich bin bei euch alle Tage bis an der Welt Ende.‹ Das Wort Ende nahm ich räumlich, nicht zeitlich; meine Erde war keine Kugel, sondern eine Fläche. Ich glaube, was ich sehe: das Ende meiner Welt.

Du mußt dir vorstellen, sagst du, daß dies erdgeschichtlich junges Land ist. Erst vor 50 Millionen Jahren hat sich der Festlandsockel von Irland über England bis zur Bretagne an den Rändern gesenkt und ist im Ozean untergetaucht, daher die abgebrochenen Kanten, die zerklüfteten Buchten und Rumpfgebirge, daher der graue Granit und der brüchige Schiefer, diese Phantasieschlösser und -kathedralen aus Erdgestein. Wind und Wellen als Steinmetze.

Du kommst mir mit Atlantis, mit Atlantikwall und Atlantikpakt! Laß mir für diesen Augenblick, an dem wir auf der Felsküste stehen, die Illusion, daß hier alles ein Ende hat, Europa und die militärischen Pakte. Laß mir die natürlichen Grenzen, die uns Meer und Himmel setzen!

Mit dem Atlantikwall hatte ich nicht gerechnet. Ich erschrecke noch immer, wenn ich auf Spuren stoße, die die Deutschen in fremden Ländern hinterlassen haben. Es dauert sehr lange, bis über Beton Gras wächst. Brombeerranken und Efeu tun, was sie können, um die gesprengten Bunker zu tarnen; Vögel fliegen durch die Schießscharten ein und aus. Die Trichter der Bomben, die im Zweiten Weltkrieg von Alliierten Verbänden auf die deutschen Befestigungsanlagen geworfen wurden, hat die Natur inzwischen mit Teppichen ausgelegt. Die Heide blühte an der bretonischen Küste. Rosafarbene und violette Erikagewächse, dazwischen niedriger gelber Stechginster, Teppiche von unterschiedlicher Dichte und Höhe; Kenner würden schon von weitem einen Buchara von einem Schiras unterscheiden können. Benutzt man das Wort Teppich, fällt einem das Wort Bombenteppich ein, über dem nun Heideteppiche rasch unter der Sonne nachdunkeln. Die vielen Schäferhunde scheinen Nachkommen aus der deutschen Besatzungszeit zu sein, aber sie bellen nicht, beißen nicht, man leint und kettet sie nicht an, sie sind zutraulich und friedfertig, auch ich fürchte mich nicht vor ihnen. Die älteren Männer, die als Kriegsgefangene in Deutschland gearbeitet haben, reden uns freundlich und in deutscher Sprache an.

Im alten Fort Pointe Espagnol, 1813 in schöner Backsteinarchitektur auf Dauer errichtet, hämmern französische und deutsche Studenten Patronen und Stacheldraht zu Schmuckstücken mit keltischen und christlichen Symbolen. Schwerter zu Pflugscharen. Aber neben den Straßen erinnern Warntafeln daran, daß es sich hier weiterhin um militärisches Gelände handelt, auf dem zur Zeit Herbstmanöver stattfinden. Stacheldraht begrenzt unseren Freiraum, dabei genügten doch die Hecken aus Schlehdorn, Stechginster und Sanddorn als Schutz, dazu die giftigen Tollkirschen, das Geschrei der Raben über unseren Köpfen. Die Natur weiß sich gegen den Menschen zu schützen. Die fremden Soldaten in Tarnanzügen, Farnkraut am Helm, winken uns zu. Wir sind Verbündete.

Vom Rücken der Fahrräder aus blicken wir über die unregelmäßigen Rechtecke aus Steinwällen und Hecken hinweg, die vor den salzigen Westwinden schützen. Das Land liefert Artischocken und Melonen, das Meer liefert Langusten, Austern, Hummer. Raritäten. Die Langusten werden nach dem Fang durchs Meerwasser gefahren, bis sie ihren Käufer gefunden haben, erst dann werden sie getötet. ›Il faut promener les desmoiselles‹, sagt man. Einem Franzosen ist keine Anreise zu weit für ein Langustenessen in Camaret, wo die hölzernen Bootsskelette im Hafen liegen, den Fotografen als Kulissen dienen und erläutern, warum die Berge der Bretagne unbewaldet sind: Buchen und Eichen wurden zum Schiffsbau gebraucht.

Man muß schwindelfrei sein, wenn man über die Steilufer wandern will. Die Knöchel, an ebene Wege gewöhnt, ermüdeten rasch. Aber am Cap de Chèvre hatten wir bereits die Geschicklichkeit von Bergziegen erreicht. Es wurden dort wundertätige Amethyste verkauft, die gut gegen die Trunksucht sein sollen, du hast mir einen kleinen lilafarbenen Stein in die Tasche geschoben, vorsorglich!

Wir entdeckten Pfade, die am Steilufer in die Tiefe führten, wurden waghalsiger, gelangten in menschenleere Buchten, schwammen westwärts, riefen »armorica!«, riefen den Namen, den die Römer der Bretagne gegeben hatten, lange bevor Amerika entdeckt wurde; ein erster Hinweis: drüben, jenseits des Atlantik, liegt Amerika, dort, wo die Schiffe hinterm Horizont verschwinden und den Beweis dafür liefern, daß die Erde eine Kugel ist. Wir fanden Steine, auf denen geheimnisvolle Botschaften standen, von scharfkantigen Muscheln eingeritzt; wir lasen sie uns vor.

Nirgendwo in Europa sind die Gezeiten des Meeres so mächtig. Bei Ebbe vergrößern sich die Strände zu weiten Sandwüsten. Kein Fahrplan verkündet die Ankunfts- und Abfahrtzeiten der Flut. Die Badenden schätzen die eigene Kraft an der Kraft des Atlantik ab. ›Plage dangereuse‹, das genügt als Warnung. Bei Ebbe heben sich glatzköpfige Steine mit zottigen Tangperücken aus dem Watt.

Für die Dauer einer Gezeit lassen wir uns in einer der Buchten einschließen; eine Gezeit gibt es nicht, sagst du, es gibt das Wort nur in der Mehrzahl. Warum eigentlich? frage ich.

Badetage wie am Mittelmeer, in blauem Septemberlicht. Keine Badegebühr, kein Sonnenschirmverleih. Was die französischen Gäste brauchen, holen sie aus dem Kofferraum des Renault oder des alten Citroën, der unbewacht am Straßenrand geparkt werden kann. Väter spielen mit den Kindern Ball, Mütter sonnen sich, grandmère strickt, und grandpère liest ›Paris Soir‹. Hier könnte Monsieur Hulot Ferien machen. Daß die petites filles nur noch die untere Hälfte des Bikinis tragen, würde ihn allenfalls veranlassen, die Augenbrauen etwas anzuheben. Keine Schickeria. Paris ist weit. Die Bretagne gehört nicht zu den reichen Distrikten, trotz Artischocken und Langusten.

Sollte ich eine Vorliebe für arme Landstriche haben? Nicht Côte d'Azur, sondern die karge Haute Provence, nicht Ascona, sondern die Seitentäler des Tessin, nicht Rhodos, sondern die kleinen, wenig bekannten griechischen Inseln?

Die Bretagne hat bessere Zeiten gesehen. Kunst setzt Wohlstand voraus. Vor Jahrhunderten war das Land durch Tuchhandel reich geworden. Wollte man mit all diesen prunkvollen, in Stein gehauenen Kalvarienbergen den Neid der Nachbarn oder die Gunst des Himmels erwecken? Reichtum will sich zur Schau stellen. Wir sahen Kriegsknechte, die unterm Kreuz zechen. Wir sahen den Tod, der die Flöte bläst, und sahen die Toten, die sich bei den Händen halten und ihm tanzend

folgen. Wir hätten das Neue Testament als Kunstführer mitnehmen sollen! Maria, das Gotteskind auf dem Arm, stützt mit ihrem Rücken das bemooste Kreuz, an dem Jesus bereits hängt.

Wir betrachten Dolmen, wandern über Megalithfelder. Jahrmillionen unter den Füßen, Jahrtausende vor Augen. Gesichtslose Menhire, aber auch solche, die uns anglotzen, ungerührt. Ich komme mir nebensächlich vor, vorübergehend, wie wir ja auch sind aus der Sicht eines alten Menhirs.

Hast du erwartet, daß er sich nach dir umdreht? fragst du.

AM RANDE DER WÜSTE

Wenn du abends aus deiner ›Residenz‹ zurückkehrst, frage ich nicht: Was hast du gemalt?, sondern: Wo warst du? An jenem Dienstag hast du geantwortet: In der Wüste. Ich sah dich überrascht an, und du fügtest hinzu: Am Rande der Wüste.

Dabei kennst du die Wüste nicht, es ist eine Erscheinungsform der Erde, die du nie gesehen hast. Du hast Beduinendörfer gebaut, ich habe dir nicht widersprochen. Von meiner Sehnsucht nach der Wüste weißt du nichts. Sie betrifft nicht dich, schließt dich aus, sie ist nur auf dem Papier zu erfüllen. Ich will mir etwas Absolutes vorstellen. In meinen Vorstellungen will ich konsequent sein.

Weitergehen, einfach weitergehen. Nicht immer zurück, nicht immer an den Ausgangspunkt zurück; hin und her, im Kreise. In der Wüste scheint das möglich zu sein; man wird den Weg verlieren, wird sich noch eine Weile nach dem Stand der Sonne richten, man wird keinen Rückweg haben, man wird dursten und schreien wie der Hirsch nach frischem Wasser und schwächer werden und wissen: erlösen kann mich nur der Tod, es wird etwas vom eigenen Willen dabeisein, man wird das Datum nicht nur dem Tod überlassen, dem Tod entgegen, dem wir von allem Anfang an entgegengehen.

Wenn ich ins Meer hinausschwimme, habe ich oft dasselbe Verlangen: weiterschwimmen, einfach weiterschwimmen, so weit, bis ich nicht mehr an Land kann, kein rettendes Ufer mehr, keine Küste, bis ans Ende meiner Kräfte, meines Willens. Aber immer hat jemand gerufen: Kehr um! Wie wäre es, wenn keiner mehr riefe?

Weitergehen und nicht am Rande der Wüste stehenbleiben. Ohne Ballast, das Wenige wäre noch zuviel, die Hände frei. Ein Tuch, das gegen die Sonne und den Wüstensand schützt. Gibt es in den Wüsten nur diesen einen Wind, weht er aus allen Richtungen, zu allen Jahreszeiten, heißt er immer Chamsin? Endlich einmal mein Das-brauche-ich-nicht in aller Konsequenz, an der es mir fehlt, ich bin verbindlich, ich bin bemüht, ich will es recht machen; niemand wäre da, dem ich etwas recht machen müßte. Kein Stift, kein Papier, nichts mehr, was ich aufschreiben wollte. Mit allem aufhören, ich würde wahrnehmen und das Wahrgenommene nicht mehr mitteilen, ich würde meinen Lebenssinn verlieren, bevor ich das Bewußtsein verlieren würde, meine einzige Berechtigung zu leben.

Ein wenig Trinkwasser würde ich brauchen, damit ich einige Zeit noch etwas spüren könnte, das über den Durst hinausgeht. Unter der Sonne sein, unter der unbarmherzigen Sonne, bis ich ein für allemal genug davon hätte. Keine Walt-Disney-Erlebnisse. Die Wüste lebt nicht. Keine Insekten, keine Skorpione, keine Schlangen. Auch keine Zugvögel am Himmel, keine Verheißungen und keine Ablenkungen.

Ich bin furchtsam. Würde ich mich dort, wo es nichts gibt, vor dem ich mich fürchten müßte, noch fürchten? Vielleicht überfiele mich Trauer. Weitergehen, gleichgültig, in welcher Richtung, nichts würde sich ändern. Nachts könnte ich mich mit dem Rücken auf die Erde legen, mir ein Sternbild auswählen und mit ihm kreisen wie ein Uhrzeiger, das Haar der Berenike, nicht immer wieder das Sternbild des Großen Wagen, Orso maggiore, der mich oft genug verführt hat. Wie lange dauert es vom Untergang der Sonne bis zum Aufziehen der Sternbilder? Keine Uhr, nichts mehr, was zählt.

Niemand, der von mir eine Reaktion erwartet, einen Ausruf. Niemand, der mich anblickt. Ich könnte mein eigenes unverstelltes Gesicht tragen, das ich nicht kenne. Nichts, worin ich mich spiegeln könnte, keine vorgetäuschte Heiterkeit, keine unverstellte Freude mehr. Würde ich Selbstgespräche führen? Würde ich singen? Mit leiser Stimme Gedichte aufsagen, oder würde ich laut reden und am Ende rufen? Würde ich nach Hilfe rufen, was ich nie getan habe; in großer Gefahr verliere ich die Stimme. Was bleibt übrig, wenn alles abfällt. Mein Ich, was ist das? Mein vernachlässigtes Ich.

Wenn die Sichel des zunehmenden Mondes und der Abendstern beieinander zu stehen kommen, das heraldische Glückszeichen des Islam, das mich, lange bevor ich seine Bedeutung kannte, immer beglückt hat, was würde mir dann noch ›Glück‹ bedeuten. Ist Glück nicht immer eine Summe von Glückspartikeln? Im Koran steht, daß man das Glück in den Bazaren finden kann, den Ruhm in den Palästen, die Weisheit in der Einöde. Wüste steht für Einöde. Eine Stadt verwüstet, eine Landschaft, ein Gesicht verwüstet.

Was für eine Weisheit meine ich denn?

Vor Jahren bin ich – sind wir, eine Freundin und ich – stundenlang auf den größten Dünen der Welt, am Michigansee, unterwegs gewesen; wir haben hohe Sandberge bestiegen und versucht, geradeaus zu gehen, ohne Weg, nach Norden, auf dem breiten Dünenrücken; wenn wir uns umdrehten, sahen wir, daß wir in Bögen gingen, wie Betrunkene, und wenn wir uns wieder umdrehten, hatte der Wind unsere Spuren bereits verweht. Wir schrieben unsere Namen in den Sand, machten uns bemerkbar, legten uns flach auf die Erde, mit ausgebreiteten Armen, schlugen in den Sand wie mit Flügeln. Wir betrachteten lachend die Umrisse der beiden Vogelmenschen im Sand; das Lachen der Furcht. Würden wir die Stelle am Fuß der Sandberge wiederfinden, wo unser Auto stand? Wir haben die Kalifornische Wüste mit dem Auto durchquert, auch die Wüste von Arizona mit den festlichen Kandelaber-Kakteen und die Painted Desert, eine Maler-Palette von hellem Gelb über Rosa zu tiefem Violett. Ich habe am Rand von Santa Fé gestanden, dort, wo die Wüste beginnt. Ich habe ein einziges Mal einen Sternenhimmel über der Wüste gesehen, das Motel lag nahe bei einem Palmenhain; wir saßen im gekühlten Wasser des Swimmingpools, zusammen mit anderen Gästen, die Sterne hingen an langen Fäden herab, bis in die Palmen; ich weiß nicht, was die anderen gesehen haben. Ich habe Sandhosen gesehen, weit genug entfernt, um mich nicht zu schrecken; aufsteigende Spiralen, die rasch verschwanden, vielleicht Halluzinationen im gleißenden Licht. Sand und Lehm und Steine und alles graugelb und grell und wir allein auf dem Asphaltband der Wüstenstraße, sixty-six, war es die berühmte 66 der Kriminalgeschichten?

Mehrere Jahre später bin ich – mit einer anderen Freundin – im Bus von Jerusalem nach Bethlehem gefahren, nach Nazareth und ans Tote Meer; ich habe Pfade gesehen, die in die Wüste führten, eine Weile konnte man ihren Lauf verfolgen, dann verloren sie sich. Ich bin nicht einmal diese ersten paar hundert Meter in die Wüste gegangen, niemand tat es, ich hätte keine Erklärung abgeben können, ich verhielt mich, wie alle sich verhielten. ›See the Holy Land from an arm chair.‹ Aber nachts, wenn ich schlaflos im Hotelbett lag, habe ich mir vorgestellt, habe ich mir vorzustellen versucht, wie das ist: weitergehen, immer weitergehen. Dreh dich nicht um! Die Mondnächte waren hell, am Fenster konnte ich in den Offenbarungen des Johannes lesen. ›Ein Weib, mit der Sonne bekleidet, und der

Mond unter ihren Füßen, und auf ihrem Haupt eine Krone von zwölf Sternen.‹ Solche gewaltigen Gesichte kann man nicht am Fenster eines Hotelzimmers nachvollziehen, auch nicht in Jerusalem.

Ich hätte allein sein müssen. Die großen Experimente kann man nur allein ausführen, es war immer jemand dabei, der gesagt hätte: Lassen Sie uns umkehren! Geh nicht weiter! Ich habe konsequentes Alleinsein immer vermieden.

Weitergehen. Weiterschreiben, bis zu den letzten Worten weiterschreiben. Schreibend habe ich mich von dir entfernt, schreibend nähere ich mich dir wieder. Ich betrachte das Bild, das du gemalt hast, auf dem ich nichts von dem sehe, was meinen Vorstellungen entspräche. Auf deinem Bild würde ich nicht weitergehen, ich würde wieder nur bis an den Rand der Wüste gelangen. Wir lieben beide diese Randzonen, die Baumgrenze, die Waldränder, die Küsten.

KEIN HAUS IN DER TOSKANA

Ein Landhaus in der Toskana – warum denn nicht? Andere bauen sich doch auch zerfallene Landsitze aus, nur für ein paar Ferienwochen. Wir könnten Monate dort verbringen, könnten dort leben und schreiben, wo ich besser hinpasse, unter südlicher Sonne, in einer hügeligen Landschaft, wo sich das Laub der Reben in Girlanden über üppige Weizenfelder schwingt, wo es Ölbaumhaine gibt und keine Rapsfelder, der Klee kniehoch wächst und tiefrot blüht. Vom Aufgang der Sonne bis zu ihrem Untergang: Toskana! Im Osten die Adria, im Westen das Tyrrhenische Meer, beide erreichbar.

Keine Villa, nichts, was Neid erwecken könnte. Ein Bauernhaus, ein Quadrat aus Mauern, ein Dach überm Kopf, aber ein Ziegeldach. Zwischen drinnen und draußen weder Zaun noch Mauer, noch Hecke, kein Park und kein Garten, nur Landschaft. Der Abstand der Fenster zueinander muß stimmen, ebenso der Abstand zum Nachbarhaus, zur Straße, zur Kirche, damit ich das Läuten der Glocke hören könnte. Ein Postamt, ein Restaurant.

Sommer im Süden, Winter im Norden. Das Jahr geteilt in Stadtleben und Landleben. Ich habe keinen Versuch unternommen, diesen Traum zu verwirklichen, was ja möglich gewesen wäre; aber überm Schreiben vergesse ich leicht die eigenen Pläne, ich neige dazu, meinen Romanfiguren meine eigenen Wünsche zu erfüllen. Maximiliane von Quindt zum Beispiel, eine Vertriebene aus dem Osten, Mutter von fünf vaterlosen Kindern, was für ein deutsches Schicksal! Sobald es nur anging, habe ich sie nach Paris geschickt; dort hat sie einen Maler kennengelernt, der wohl eher zu mir als zu ihr gepaßt hätte. Sie durfte in Paris leben! Dann habe ich die beiden auf Reisen geschickt, sie haben längere Zeit in der Toskana verbracht, wo alles meinen eigenen Wünschen entsprach. Der Maler brauchte neue Motive, aber in Wahrheit wollte ich meiner Heldin ein paar Plätze der Welt zeigen, die ich liebe. Rechtzeitig habe ich für sie einen Ort gesucht und auch gefunden, wo sie alt werden und wo sie sterben kann. Für mich habe ich ihn nicht

gefunden, aber ich habe mir vorgestellt: ein Haus in der Toskana, in der Ferne eine Reihe von Zypressen, die darauf hinweisen: dort ist der Friedhof, dort möchte ich dann begraben werden.

›Ich liebe es, ein Haus zu haben, eine Küche, einen Tisch, der für ein paar Wochen mein Tisch ist: mein Herd, mein Dach, mein Feigenbaum und mein Boot und mein Stern.‹ Mit diesem Satz beginnen meine ›Griechischen Kardiogramme‹, die ich schrieb, als aus dem ›mein‹ das ›unser‹ geworden war. Unser Haus im Saronischen Golf. In späteren Jahren haben wir einen Sommer lang eine alte Mühle in Schweden bewohnt, eine Ferienwohnung auf der Insel Juist, ein Sommerhaus auf Bornholm. Immer stand das Datum der Rückreise fest; was ich ›mein‹ nannte, war nicht mein, und was wir ›unser‹ nannten, war nicht unser.

Das Haus im Tessin, am Ostufer des Sees, das ich beinahe gekauft hätte; das Haus in Sant’ Angelo auf Ischia, das ich beinahe gebaut hätte, und alle die Häuser, die ich in den Sand gezeichnet habe. Ein Tourist wollte ich nie sein, ich wollte die Welt nicht konsumieren, ich wollte mich umsehen und dann dort, wo alles stimmte, wo auch ich stimmen würde, dort wollte ich mich niederlassen, für immer. Wir sind oft durch die Toskana gereist – auf dem Weg nach Rom, auf der Rückfahrt von Griechenland, auf der Reise zu Ehren des Piero della Francesca, auf dem Weg nach Ischia, immer durch die Toskana, ein Durchreiseland, zwei Tage für Florenz, zwei Tage für Siena, ein Tag für Lucca. Die Strada del Sole und die Via Aurelia; Straßen und Schienen und manchmal auch nur der Blick aus dem Flugzeug. Frühling und Herbst und heiße Sommertage.

Als ich die ›Poenichen-Romane‹ abgeschlossen hatte, als auch ›Die Quints‹ druckfertig waren, da sind wir wieder nach Italien gereist, und diesmal war die Toskana das Ziel. Vielleicht würden wir ein solches passendes Haus finden, zufällig. Ich glaube an Zufälle.

Wir wußten nicht, daß der Frost die Ölbäume im zurückliegenden Winter vernichtet hatte, wir waren unvorbereitet. Jahrhundertealte Baumgerippe auf braunem umgepflügtem Feld; der blühende, duftende Ginster, der uns sonst die Straßenränder festlich geschmückt hat: erfroren. Reiserbesen! Nirgendwo blühte der wilde Mohn. Keine weißen Rinder mit schöngeschwungenen Hörnern, die Zypressen krank und bräunlich. Nordwind wehte, die Regenschauer trieben uns in etruskische Museen, in denen Schulklassen bereits Unterschlupf gesucht hatten, das Gedränge und Geplapper der Achtjährigen verscheuchte uns in ungeheizte Restaurants. Der Motor des geliehenen Wagens sprang nicht an, verweigerte uns immer wieder seine Dienste. Die Landhäuser hatten die Fensterläden geschlossen. Warum sang denn keiner? So lange ist das doch nicht her, daß die italienischen Männer sangen und trällerten, wenn sie eine Kiste abluden, einen Marktstand aufbauten; nicht einmal Musik aus Transistorgeräten, dafür viel Straßen- und Baulärm. Alle und alles wehrte uns ab.

Mußte das sein? War das nötig, um mich abzuschrecken? Ich reagierte mit Fieber, wir reisten überstürzt ab, es sah nach Ungeduld aus, nach Flucht.

Wir waren rechtzeitig wieder zu Hause, als die große Krankheit über dich kam. Darum also. Zufall also. Fügung. Die Toskana hat mir meine anhaltende Liebe vergolten, indem sie uns nach Hause schickte. Kein Haus in der Toskana, das habe ich jetzt verstanden.

Du hast ein Bild für mich gemalt, ich habe nun ein paar Häuser zur Auswahl, im Tal gelegen oder auf einem Hügel. Das silberne Laub der Ölbäume, im Hintergrund die Berge des Apennin, der immerblaue Himmel. Du hast an alles gedacht, auch an die Reihe der dunklen Zypressen.

EIN TISCH UND ZWEI STÜHLE

Ein Blick genügt, und ich bin wieder – wir zwei sind wieder – in der Provence. ›Halbschatten und Halbtrauer‹ steht über dem Bericht, den ich über jene Reise geschrieben habe. ›Die Trauer ist vergänglich wie die Freude‹, und von den Farben habe ich gesagt, daß die Sonne das Land in Silber tauche, in lange nicht geputztes Silber, und jetzt, im nachhinein, diese Matisse-Farben bei dir! Woher nimmst du sie? Natürlich fallen mir Bilder von Matisse ein, diese Sonnenfarben in seinen ›intimen Interieurs‹.

Manchmal, wenn du dir achtlos einen Pullover überziehst und noch eine Jacke darüber und einen Schal um den Hals, und die Socken passen nicht zu den Hosen, dann sage ich warnend: Du bist nicht Matisse! Wir kennen eine Fotografie, die Gisèle Freund von ihm gemacht hat: Matisse im Atelier. Sein eigenes Aussehen scheint ihm nicht wichtig gewesen zu sein, wichtig waren für ihn nur seine Bilder. Ich erinnere mich, daß Hans Weigel mir, der damals jungen Autorin, deren Entdecker er gewesen war, von einer Frau erzählte, die wie eine Bildhauerin lebe; ich sah ihn fragend an, und er fügte rasch hinzu: Sie war keine. Einer der Lehrsätze, die man mir beizeiten erteilt hat. ›Jede echte schöpferische Anstrengung spielt sich im Inneren ab‹, hat Matisse einmal geäußert. Du siehst nicht aus wie ein Maler, aber wie sonst? Der Sohn eines deiner Freunde hat, als er dich zum ersten Mal sah, begeistert gerufen: »Jetzt weiß ich, wie Homer aussah!« Für ihn sah Homer wohl aus wie der Held seiner Epen: Odysseus. Der Junge war zehn Jahre alt.

Zunächst stand auf deinem Bild nur ein Tisch, ein runder Blechtisch, wie wir sie aus der Provence kannten, wir haben oft an solchen Tischen einen Aperitif getrunken. Ich sagte, auf deinem Bild fehlt noch ein Stuhl, nein, zwei Stühle! Es ist immer nur von Tisch und Bett die Rede, wenn es um Zweisamkeit geht, hast du geantwortet. Ich mische mich selten ein, wenn du malst, allenfalls sage ich einmal, daß eine Laterne etwas weiter nach links ins Bild gerückt sein sollte; unter den vielen Wasserfällen, die du gemalt hast, durfte ich mir den aussuchen, der mir

gefiel. Unser Zusammenleben ist leicht, weil wir uns Freiräume lassen, Zwischen-räume, die wir rasch mit Worten überbrücken können. Ein Zuruf genügt. Worte wie Bälle. Ich weiß, was du mit deinen Bildern meinst, du weißt, worauf ich beim Schreiben hinauswill. Einer kennt die Absichten des anderen, kennt seine Schwierigkeiten, seine Grenzen, beurteilt ihn nach seinen Absichten. In meinen ›ungehaltenen Reden ungehaltener Frauen‹ sagt Christiane von Goethe, geborene Vulpius: ›Zu Haus will einer nicht kritisiert werden, da will er geliebt und bewun-dert sein.‹ Ich bin keine Christiane Vulpius! Bei uns wird auch kritisiert, aber einen liebevolleren Kritiker als mich hast du nicht, habe ich nicht. Wir leben in Ein-tracht.

Diese schönen Worte, die mit ›ein‹ beginnen: Einverständnis, Einsicht, Einmütig-keit! Aber natürlich auch: Einsilbigkeit und Einsamkeit, das läßt sich nicht ausschlie-ßen. Ich habe nach ebenso schönen Worten gesucht, die mit ›zwei‹ anfangen, und es ist mir neben Zweisamkeit auch Zwietracht und Zweikampf eingefallen, entzweien, zweigleisig, zweischneidig. Aber beim Prediger Salomo ist zu lesen: ›So ist's ja besser zwei als eins; denn sie genießen doch ihre Arbeit wohl.‹ Und: ›Weh dem, der allein ist! Wenn er fällt, so ist kein anderer da, der ihm aufhelfe.‹ Im Zeitalter der Singles stel-len wir zwei einen Anachronismus dar. Bis in die siebziger Jahre unseres Jahrhun-derts war das Allein-leben zumeist unfreiwillig, eine Sonderheit, war tragisch: je-mand war allein zurückgeblieben, meist waren es Frauen, deren Ehemänner, Ver-lobte, Freunde nicht aus dem Krieg zurückgekehrt waren. Haben die Frauen in der Zeit des unfreiwilligen Alleinseins die Vorzüge der Unabhängigkeit erkannt? Die alten Jungfern verschwanden ebenso wie die alten Hagestolze, denen immer etwas Tragikomisches anhaftete, zumindest etwas Unnatürliches; als verschrobene Exem-plare noch auf den Bühnen der Boulevard-Theater auftauchend. Die unverheirate-ten Frauen nannten sich dann nicht mehr Fräulein, ein Junggeselle war nicht länger ein Mann, der die richtige Frau nicht gefunden hatte, die wilde Ehe verlor ihre Ver-ruchtheit, das Zusammenleben auf Widerruf wurde üblich, durch Gewohnheit legi-timiert. Nicht mehr die Endgültigkeit, die volle Verantwortung füreinander, kein Gelübde. Man legt die Einkünfte zusammen, macht ein paar gemeinsame Anschaf-fungen, spart in eine gemeinsame Reisekasse. Zwei Namen auf dem Türschild, der Ring als Geschenk, nicht als Sinnbild. Vor zwanzig Jahren hast du einmal gesagt: Schade, daß die Ehe bereits erfunden ist!

Als ich wieder einmal in deine ›Residenz‹ kam – ich komme nicht oft –, sah ich, daß inzwischen der Tisch in einem Innenraum stand und daß du zwei Stühle dazugestellt hattest. Ich fragte: Und wo sind die Gläser? Keine Aperitifs mehr? Keine vorbereitenden Getränke, die Hauptmahlzeit vorbei? Das Leben als Mahlzeit! Wir sind beim abschließenden Kaffee. Oder beim Digestivum, am besten ein Underberg! Wir lachen, lachen über die Abgründe hinweg. Sollten Wassergläser auf dem Tisch stehen? Wir sind wieder heiter, unser Leben hat sich noch einmal aufgehellt, neue Farben, neue Töne, auch andere Worte, neue Vorhaben. Pläne zum Schreiben, Pläne zum Leben.

Laß uns ein Fest feiern, wenn unser Buch fertig ist!

Malend und schreibend sind wir ins Leben zurückgekehrt. Über jeder Seite dieses Buches steht: wir zwei. Deine Bilder gäbe es ohne meine Worte nur in deinem Atelier, niemand bekäme sie zu sehen; meine kurzen Betrachtungen wären ohne deine Bilder nie geschrieben worden.

Wir werden uns nun wieder vereinzeln nach der Fertigstellung dieses Buches. Du wirst deine Bücher schreiben, ich die meinen, aber auf der Titelseite dieses Buches werden unsere Namen untereinanderstehen; wir werden miteinander unter einem Buchdeckel leben.

UM EINE WEITERE HAARESBREITE

In deiner grotesken Lyrik, den ›Pummerer-Versen‹, gibt es ein Gedicht, das du ›Vom Nutzen der Haaresbreiten‹ genannt hast. Du hast darin jene Ereignisse addiert, die dem Pummerer, deinem Ander-Ich, nur beinahe passiert sind, bei denen er dem Schicksal um Haaresbreiten entgangen ist.

Wie viele Haaresbreiten in deinem Leben!

Als Neunjähriger bist du, traumverloren hinter einem Zirkuswagen hergehend, von einem Auto angefahren worden, zwei Tage und zwei Nächte ohne Bewußtsein, dann bist du davongekommen, ein paar Narben blieben zurück. Du hast den Rußlandkrieg überlebt, nur Verwundungen. Die russische Partisanin Ija hat dich nicht liquidiert, wie es ihr Auftrag war. Eine betrunkene Soldateska wollte dich bei der Gefangennahme erschießen, aber der tödliche Schuß löste sich nicht. Du hast unseren Autounfall überlebt. Du hast mehrere Operationen überlebt. Nach unserer fluchtartigen Rückkehr aus der Toskana bist du vor der Tür des Krankenzimmers, in dem ich mit einer Allergie lag, zusammengebrochen; Schwestern, Pfleger, Ärzte und ein Bett standen sozusagen für dich bereit, und auch ich war zur Stelle. Der erste und einzige Anfall. Tagelange Untersuchungen, in Kliniken und Instituten, an mehreren Orten; die Diagnose wurde immer präziser, immer gefährlicher, der Zeitraum, der noch zur Verfügung stand, immer geringer; es blieben uns drei Tage, drei festliche Frühsommertage. Ein Gehirntumor von ungewöhnlicher Größe. Immer wieder fiel der Name Pia. Vielleicht operiert Pia!

Als wir in sein Zimmer traten, ging er zunächst auf mich zu, legte die Arme um mich und sagte: Wir haben Ihnen viel zu danken. Ich sagte: Dann danken Sie es Kühner! Ein Neurochirurg von Rang, Chef einer Klinik, der liest, meine Bücher liest. Wie viele glückliche Umstände haben uns nach Gießen geführt! Nach langem Studium der Befunde und langen Beratungen mit seinen Ärzten erklärte Pia sich bereit zu operieren. Ich habe nicht gefragt, wie groß deine Lebenschancen seien. 80:20 zu deinen Gunsten? Vermutlich eher umgekehrt. Keine Berechnungen. Ich saß, sobald es möglich war, neben deinem Bett. Intensivstation. In den ersten Tagen hast du mich nicht wahrgenommen. Du warst gelähmt, alles an dir war gelähmt, man führte dir Luft und Blut und Nahrung zu, aber die Kraft meiner Hand, die dich hielt, dich am Leben hielt, war stärker, davon war ich überzeugt. Eines Tages konntest du die Finger einer Hand bewegen, dann den Arm, dann ein Bein, du reagiertest auf Zuruf, man holte dich mit Zurufen aus der Bewußtlosigkeit, in die du immer wieder fielst, zurück, und plötzlich sagtest du zu mir: Ich nehme das alles deinetwegen auf mich. Ich erschrak, wie ich nie vorher erschrocken war. Wollte ich das? Leben um jeden Preis? Eine Woche lang hast du in unmittelbarer Todesnähe verbracht. Über diese Zeit sprechen wir nie.

Dann kehrte das Leben in dich zurück, mit einer Schnelligkeit, der ich nicht folgen konnte. Inzwischen lagst du wieder auf der neurologischen Station. Während der Visite stand Pia an deinem Bett und sagte zu dem Gefolge von Ärzten, Assistenzärzten und Krankenschwestern: Sehen Sie genau hin! Es vollzieht sich hier ein Wunder!

Bald darauf gingst du an meinem Arm im Flur auf und ab. Damals war dein Lebenswille stärker als meiner, ist es wohl immer gewesen.

Während dieser Wochen führte ich am Rande des Geschehens ein Hotelleben; ich las die Korrekturen für den letzten Band der ›Poenichen-Romane‹, erledigte Korrespondenz, führte Telefongespräche, füllte viele Zettel mit Notizen über diese neuen Erfahrungen, die keine Lebenserfahrungen mehr waren, sondern Todeserfahrungen.

Und Pia sagte: Wir werden zu dritt ein Buch schreiben, das hat es noch nie gegeben. Ich werde aus der Sicht des Neurochirurgen schreiben, Kühner aus der Sicht des Patienten, und Sie aus der Sicht der Angehörigen.

Keiner von uns dreien hat seinen Anteil geschrieben. Du nicht, ich nicht. Ich habe ein Jahr lang keine Zeile mehr geschrieben. Das Erlebte war nicht zu beschreiben, und die Phantasie, auf die ich mich immer verlassen konnte, war durch das Erlebte blockiert.

Eine Haaresbreite mehr.

Aber es ging weiter. Es kam eine Lungenentzündung dazu, dann eine Lungenembolie. Zu diesem Zeitpunkt waren wir bereits wieder in jener Klinik, in der alles angefangen hatte, in Kassel. Da beschrieb ich keine Zettel mehr, da schrieb ich keinen Brief, da blieb alles liegen. Von ferne lenkte Pia dein Geschick; die Ärzte verbündeten sich, der Chefinternist war einige Jahre früher ebenfalls von Pia operiert worden. Zufälle, Fügungen. Nach drei Monaten holte ich dich nach Hause. Wir addierten noch eine Haaresbreite dazu. Immer noch befand sich in deinem Kopf, in der Größe eines Tennisballes, ein Krater, auf dessen Grund man das Hirn pulsieren sah. Ich häkelte kleine barmherzige Mützen aus Wolle und Seide. Passen Sie auf, daß Ihnen kein Apfel auf den Kopf fällt! Monate vergingen, dann sind wir wieder zu Pia gefahren. Er erklärte sich bereit, in einer weiteren Operation das Loch im Kopf zu füllen. Tun Sie es bald, sagtest du. Und ich fürchtete mich, für Wiederholungen war ich nie befähigt, und du drängtest. Bei dieser zweiten Operation war Pia bereits fiebrig. Ihr führtet, wie vor der ersten Operation, lange Gespräche. Ihr wart beide in Rußland gewesen, liebtet Rußland, ihr wart Reiter, wart gleichaltrig. Auch diese Operation ist gelungen, wir kehrten zurück. Bald darauf erreichte uns die Nachricht, daß Pia erkrankt sei, schwer erkrankt, eine Operation war nicht mehr möglich. Er schrieb dir, daß er nicht, wie es vereinbart war, kommen könne, um deine Bilder anzusehen, um dich am Cembalo spielen zu hören. ›Sie müssen die Reise nach Gießen tun und die Pias mit einer Sammlung alter und neuer Bilder überfallen, und Sie müssen an unserem Flügel musizieren. Vor allem aber müssen Sie wieder schreiben. Die Periode der Kontemplation muß nun zu Ende gehen!‹ In seinem nächsten Brief stand: ›Kommen Sie! Pia hat weniger Zeit als Sie.‹ Es war sein letzter Brief. Als du dann mit einer Mappe voller Bilder in Gießen eintrafst und vom Bahnhof aus noch einmal mit Frau Pia telefoniertest, ob du kommen könntest, war es zu spät. Über seiner Todesanzeige steht: ›Wachet, stehet im Glauben, seid männlich und seid stark.‹ Er war männlich und stark und stand fest im Glauben. Wir dachten, wir hofften, wir beteten, daß er es schafft, er war soviel stärker als du, aber der Tod war noch stärker. Das Leben, das wir seither führen, verdanken wir ihm, seiner überragenden Operationskunst, auch dem Fortschritt auf dem Gebiet der Neurochirurgie. Aber wir wußten alle drei, daß das nicht genügt hätte. Wir konnten miteinander über Gott sprechen, da genügten wenige Sätze.

In einem großen Fernseh-Interview, das einige Monate vor seinem Tod aufgezeichnet worden war und das wir erst nach seinem Tod gesehen haben, hat er die

Prognose gestellt, daß, wenn ein oder zwei Jahre vergangen seien, deine künstlerische Kraft sich steigern würde. Das klang nach Vermächtnis, nach Auftrag.

Wir widmen dieses Buch Hans Werner Pia, dem großen Neurochirurgen der Universität Gießen.

VERZEICHNIS DER TEXTE UND BILDER

Verlag Ullstein GmbH, Frankfurt/M. · Berlin
© 1987 Verlag Ullstein GmbH, Frankfurt/M. · Berlin,
Propyläen Verlag
Alle Rechte vorbehalten
Gesamtherstellung: Mohndruck, Gütersloh
Printed in Germany 1987
ISBN 3 549 05586 2

CIP-Kurztitelaufnahme der Deutschen Bibliothek

Brückner, Christine: Deine Bilder, meine Worte /
Christine Brückner. Otto Heinrich Kühner. –
Frankfurt/M.; Berlin: Propyläen, 1987.
ISBN 3-549-05586-2
NE: Kühner, Otto Heinrich [Ill.]